de boue et de kaki

de Flandre et de France

Vernon Bartlett

Writat

Cette édition parue en 2024

ISBN : 9789359947426

Publié par
Writat
email : info@writat.com

Contenu

APOLOGIE

On a tant écrit sur les tranchées, il y a tant de photographies de guerre, tant de films de cinéma, qu'on pourrait bien hésiter avant même d'évoquer la guerre - essayer d'écrire un livre sur elle, c'est, je le crains, encourir la censure. de ceux qui en ont assez d'entendre parler de bombes et de balles et qui préfèrent lire sur la paix, les jeux et les flirts.

Mais c'est précisément pour cette raison que j'ose penser qu'un livre de guerre, même aussi indifférent que le mien, ne sera pas totalement inapproprié. Lorsque les années de vaches maigres seront terminées, lorsque le fusil rouillera et que le kaki sera rangé dans quelque armoire isolée, il y aura un grand danger que les difficultés des hommes dans les tranchées soient trop tôt oubliées. Si, dans une moindre mesure, quelque chose dans ces pages devait aider à faire comprendre aux gens ce qu'est réellement la guerre et à leur rappeler leur dette de gratitude, alors ces petits croquis auront justifié leur existence.

D'ailleurs, je ne suis pas entièrement responsable de ce petit livre. Il n'y a pas si longtemps, j'ai rencontré un homme – en bonne forme physique, célibataire et jeune – qui a commencé à se plaindre des difficultés de son « funkhole » en Angleterre et, incidemment, à minimiser les difficultés de l'homme du front. Après lui avoir dit exactement ce que je pensais de lui, j'étais encore si indigné que je suis rentré chez moi et j'ai commencé à écrire un livre sur les tranchées. D'où *la boue et le kaki* . C'est donc à lui que revient la responsabilité de cette petite horreur de la guerre. Je m'en lave les mains.

Et j'essaie de lui rejeter la faute, car je me rends compte que j'ai entrepris une tâche impossible : la plume la plus exercée ne peut pas transmettre une idée réelle de la vie au front, car les mots pour décrire la guerre n'existent pas. Même vous qui avez perdu vos maris et vos frères, vos pères et vos fils, ne pouvez avoir que la plus vague impression des griffes cruelles et assoiffées qui les ont pris pour victimes. Il faut d'abord voir les chaumières détruites de France et de Belgique, la façon dont les femmes s'accrochaient à leurs maisons dans Ypres en feu, les longs flots de réfugiés faisant rouler leurs pauvres petits *lares et pénates* , leurs maigres trésors, sur des camions et des charrettes à bras ; il faut d'abord écouter la plaisanterie joyeuse que l'Ange de la Mort trouve sur les lèvres du soldat, les chants qui vous encouragent dans les marches acharnées à travers l'obscurité et la boue, les causeries pendant les longues nuits où les hommes se rassemblent autour de vous. le feu du brasier et pensent à leurs femmes et à leurs enfants à la maison, aux rues sombres de l'East End, aux auberges de campagne tranquilles où les agriculteurs se réunissent le soir.

Aucun mot ne peut donc donner une image exacte de ces choses, mais ils peuvent contribuer à donner de la couleur à vos impressions. À Dieu ne plaise qu'en racontant les horreurs de la guerre, les écrivains de livres fassent de leur pays des pessimistes ! À Dieu ne plaise qu'ils minimisent les dangers et les difficultés, et qu'ils enlèvent ainsi une partie de la gloire due à "Tommy" pour tout ce qu'il a souffert pour la Patrie ! Il existe un juste milieu : les hommes du front l'ont trouvé ; ils savent que la mort est proche, mais ils peuvent encore rire et chanter.

Dans ces croquis et ces histoires, j'ai essayé, sans grand succès, de garder à l'esprit ce juste milieu. Si les images sont de conception très médiocre par rapport aux nombreux autres ouvrages, bien meilleurs, sur le même sujet, rappelez-vous, lecteur, que l'intention est bonne et acceptez ces excuses pour vous avoir fait perdre votre temps.

Quelques-uns de ces croquis et articles ont déjà paru ailleurs. Mes meilleurs remerciements vont aux rédacteurs du *Daily Mail* et du *Daily Mirror* pour leur aimable autorisation d'inclure plusieurs croquis parus, sous forme condensée, dans leurs journaux. Je suis également reconnaissant au rédacteur en chef du Cassell's *Storyteller* pour sa permission de reproduire « The Knut », qui a été imprimé pour la première fois dans ce périodique.

Vernon Bartlett.

je

À L'HÔPITAL

Juste derrière les tranchées du saillant d'Ypres se trouve une partie de la « Ferme de la Chapelle » ; le reste a longtemps été piétiné dans la boue par les centaines d'hommes qui sont passés par là. Il reste encore suffisamment de ruines pour que vous puissiez retracer le plan primitif du lieu : une maison et deux granges qui s'étendent sur trois côtés de la cour de ferme qui est fétide, immonde et horrible.

C'est un endroit peu attrayant, car à proximité se trouvent les restes d'une vache morte, superficiellement enterrés il y a longtemps par quelque groupe de travail pressé de rentrer chez lui ; mais la ferme est remarquable par le fait qu'en contournant le côté nord du bâtiment, vous êtes hors de vue et en sécurité, et qu'en passant par le côté sud, vous pouvez être vu par l'ennemi et êtes certain d'être abattu.

Mais si vous devez être abattu, vous pourriez choisir un endroit pire, car les balles y volent généralement bas, et il y a une cave où vous pouvez être transporté – un endroit sale, rempli de rats, de paille humide et de chiffons tachés. , car l'endroit servait autrefois de poste de secours. Mais il est quand même couvert et intact, avec six petites marches menant à la cour de la ferme.

Et un jour, alors que je conduisais un groupe d'hommes jusqu'à la « décharge » pour aller chercher des munitions, j'ai été étonné d'entendre les accents familiers de « Gilbert le Filbert » venant de cette ruine désolée. Le chanteur avait une belle voix et il chantait aussi joyeusement que s'il était en sécurité chez lui en Angleterre, sans soucis ni ennuis au monde. Avec un sergent, je partais en exploration ; tandis que nos bottes claquaient sur les pavés de la cour de ferme, il y eut du bruit dans la cave, une tête passa dans l'entrée et je fus accueilli par un joyeux « Bonjour, monsieur ».

Nous avons descendu les marches de la masure pour apprendre l'histoire du chanteur. C'était un homme d'un autre régiment, qui était descendu de sa pirogue de soutien pour « fouiner après une patate ou deux ». Le sniper allemand l'avait « frappé » à la cheville et il s'était glissé dans la cave – toujours avec son sac de sable rempli de « patates » – pour attendre que quelqu'un passe. "Je n'ai rien d'autre à faire qu'attendre", a-t-il conclu, "et si je devais attendre, je pourrais aussi bien jouer au canari en fleurs qu'à un hibou comme un enfant, qu'est-ce que c'est que ça ? mis en face de lui.

Nous avons récupéré un peu d'eau de la vieille pompe grinçante et avons enlevé son "premier pansement" qu'il avait enroulé n'importe comment autour de sa jambe. À ma grande surprise — car il était si joyeux que je pensais qu'il n'avait qu'une égratignure — j'ai constaté que sa cheville était gravement fracassée et qu'une partie de sa botte et de sa chaussette avait été enfoncée jusque dans la plaie.

"Oui, ça me faisait un peu mal quand j'essayais de marcher", a-t-il dit alors que j'exprimais ma surprise. "C'est la meilleure partie de tout cela. Je m'en fiche si ça fait mal, car cela signifie sûrement 'Blighty' et du réconfort pour moi."

Et c'est exactement l'esprit des hôpitaux : la joie du confort et du repos l'emporte sur la douleur et l'opération. Dire qu'il y a encore des gens qui s'imaginent que les hôpitaux sont forcément tristes et déprimants ! Eh bien, même les salles d'enfants de l'hôpital de Londres ne le sont pas, car, en regardant les rangées de lits, vous voyez la surprise et le bonheur sur les pauvres petits visages pincés - surprise que tout soit propre et blanc et qu'ils mentent. entre les feuilles appropriées ; bonheur qu'ils soient traités avec gentillesse et qu'il n'y ait pas de mots durs. Quant à un hôpital militaire, alors que la guerre ravage le monde, il n'y a aucun endroit où il y ait plus de paix et de contentement.

L'hôpital, par exemple, est l'endroit le plus joyeux pour passer Noël. Environ une semaine avant le jour, il y a des chuchotements mystérieux dans les coins, des écritures furtives dans un cahier et des tintements de cuivre. Puis, le lendemain, une charrette se présente à la porte et dépose un chargement de lierre, de houx et de gui. Les hommes se sont tous abonnés pour acheter des décorations pour leur logement provisoire et ils se mettent au travail comme des enfants : car où trouver des enfants plus jeunes que les « Tommies » ? Même les quartiers où il n'y a que des « cases à lit bébé » sont décorés, et les hommes restent au lit et regardent les envahisseurs des autres quartiers qui entrent et étouffent l'endroit avec des conifères. Il y a une salle où un homme est en train de mourir d'un cancer. Ici aussi, ils viennent, faisant des tentatives maladroites pour marcher sur la pointe des pieds et souriant d'encouragement en accrochant le gui à la lumière électrique au-dessus de son lit.

Et enfin le grand jour arrive. Il y a des cadeaux pour tout le monde, et une tarte au son dont ils extraient un à un de mystérieux paquets enveloppés dans du papier kraft. Et la joie quand ils les défont ! Il y a des jeux de table et des paquets de tabac, des blocs-notes et des boîtes de cigarettes, des stylos-plumes bon marché qui feraient presque grisonner les cheveux de la matrone, et des sacs de chocolats. Ils se rassemblent dans leurs pupilles et retournent leurs cadeaux, les yeux humides de joie ; ils emballent leurs jeux ou leur chocolat pour les envoyer à leurs femmes qui passent Noël dans les cuisines isolées des chalets ; ils écrivent des lettres à des personnes imaginaires juste pour le plaisir d'utiliser leurs blocs d'écriture ; ils admirent les trésors de chacun et font parfois des échanges, car l'homme qui ne fume pas a dessiné une pipe, et l'homme du coin là-bas, qui a perdu ses deux jambes, a dessiné une paire de pantoufles de feutre !

Avant qu'ils sachent où ils se trouvent, le déjeuner est prêt et, encore une fois les enfants, ils mangent bien plus que ce qui est bon pour eux, jusqu'à ce que les infirmières soient obligées de leur interdire d'en manger davantage. "Non, Jones", disent-ils, "vous ne pouvez pas prendre une troisième portion de pudding; vous êtes censé suivre un régime lacté."

Oh, quel bonheur dans tout ça ! Toute la journée, ils chantent, mangent et parlent, jusqu'à ce que vous oubliiez qu'il y a la guerre et la misère dans le monde ; le soir venu, ils retournent, rouges et heureux, dans leur lit pour rêver que de grands Allemands noirs sont assis dessus, mangeant des puddings de Noël par douzaines et devenant de plus en plus lourds à chaque fois.

Mais à l'étage, dans la petite salle, la mère est assise avec son fils et elle essaie de toutes ses forces de retenir ses larmes. Ils ont laissé la porte ouverte toute la journée pour entendre les rires et les amusements, et sur la table près du lit se trouvent ses cadeaux et les meilleurs fruits et friandises. Jusqu'à très tard dans la nuit, elle reste là, tenant la main de son fils et racontant les Noëls de son enfance. Puis, au moment où elle se lève pour partir, l'homme au lit tourne la tête vers le pauvre petit tas de cadeaux. "Tu ferais mieux de prendre ça, maman", dit-il. "Ils ne me seront pas d'une grande utilité. Mais c'est le Noël le plus joyeux que j'ai jamais eu." Et tout le courage de la pauvre femme la quitte, et elle se penche sous le gui et l'embrasse, l'embrasse, les larmes coulant sur son visage.

Le plus émouvant est le nettoyage des hôpitaux près de la ligne de tir. Ils sont bondés et, toute la nuit, de nouveaux blessés arrivent en trombe, la boue recouvre leurs uniformes et leurs bandages souillés de taches sombres. Dans un coin, un homme gémit sans cesse : « Oh, ma tête... Dieu ! Oh, ma pauvre tête ! et vous entendez les murmures et les rires des délirants.

Mais si la douleur est ici à son paroxysme, le soulagement est le plus vif. Pendant des mois, ils ont vécu l'enfer, ces hommes, et maintenant ils en sont sortis. Un homme qui a été sauvé de l'étouffement dans une mine de charbon ne se plaint pas s'il a mal aux dents ; un homme qui revient des tranchées et de la mort ne se plaint pas de l'agonie de sa blessure : il sourit parce qu'il se trouve pour une fois dans un environnement confortable.

En outre, il y a un grand sentiment d'attente et d'espoir, car il doit y avoir un convoi le matin et ils doivent tous être envoyés à la base - tous sauf les hommes qui sont trop malades pour être déplacés et les deux hommes qui sont morts dans la nuit, dont les lits sont fermés par des écrans rouges. Les

« cases de lit » sont soigneusement levées sur des civières, leurs affaires sont emballées sous leurs oreillers et elles sont transportées jusqu'aux ambulances, tandis que les valises ambulantes errent dans les salles, attendant leur tour. Ils examinent leur sac pour la cinquantième fois pour s'assurer qu'ils n'ont rien laissé ; ils se penchent par les fenêtres pour regarder l'ambulance rouler vers la gare ; ils arrêtent tous les infirmiers qui viennent leur demander s'ils n'ont pas été oubliés ou s'il y aura de la place pour eux dans le train ; ils font de nouvelles connaissances ou en découvrent d'anciennes. Un homme rencontre un ami perdu depuis longtemps avec un énorme bandage blanc autour du cou. "Bonjour, pauvre diable, dit-il, comment l'as-tu reçu dans le cou comme ça ? C'était une balle ou un bout d'obus ?" L'autre jure et avoue qu'il n'a pas été touché du tout, mais qu'il souffre de furoncles.

Car, en descendant à la base, il y a des blessés et des malades de toutes sortes : des hommes qui ont perdu un membre, et des hommes qui n'ont qu'une infime écorchure ; des hommes qui deviennent fous de douleur et des hommes qui veulent une nouvelle série de fausses dents ; les hommes atteints de pneumonie et les hommes atteints de gale. Ce n'est qu'au départ du bateau pour l'Angleterre que les affaires pourront être réglées. C'est seulement alors qu'apparaissent des signes d'envie, et les hommes dont les blessures ne sont pas assez graves pour les ramener à "Blighty" jurent parce que la balle n'est pas allée plus profondément, ou que le fragment d'obus n'a pas touché l'os.

C'est un moment merveilleux pour les "Tommies" lorsqu'ils arrivent à leur hôpital de convalescence en Angleterre. Il y a moins d'une semaine, beaucoup d'entre eux piétinaient dans une tranchée boueuse en se demandant "pourquoi diable y a-t-il une guerre qui fleurit". Il y a moins d'une semaine, beaucoup d'entre eux n'auraient jamais pensé revoir l'Angleterre, et maintenant ils sont conduits jusqu'au vieux manoir élisabéthain qui sera leur hôpital.

Alors que l'ambulance s'arrête devant le porche, les hommes peuvent voir, là où l'hôtesse d'autrefois accueillait ses invités, la matrone qui attend avec le médecin pour les accueillir. Un à un, ils sont amenés dans la salle lambrissée de chêne, et une infirmière se penche sur eux pour lire leurs noms, régiments et plaintes sur les petites étiquettes attachées aux boutons de leurs tuniques. En attendant leur tour, ils reniflent l'air et soupirent joyeusement, ils parlent, font des clins d'œil et sourient au grand plafond sculpté, et oublient tout ce qu'ils ont vécu dans la joie de ce moment splendide.

Dans l'une des salles, un gramophone joue "Mère Machree", et la petite infirmière, qui fredonne la mélodie pour elle-même en se penchant sur chaque homme pour voir son étiquette, voit une larme couler à travers la barbe grise de la joue. Il est vieux et irlandais, et n'espérait pas entendre des airs irlandais ni revoir de belles femmes. Mais il a honte de son émotion et il ment un peu. "Bien sûr, et il pleut dehors, infirmière", dit-il.

Et l'infirmière, qui connaît la différence entre une goutte de pluie et une larme — car n'était-elle pas, il y a cinq minutes, debout sur la marche, admirant les étoiles et la lune ? — connaît bien son rôle et le joue. "Je pensais avoir entendu la pluie tomber sur le porche tout à l'heure", dit-elle, "J'espère que vous, les pauvres, n'êtes pas mouillés", et elle passe à son prochain patient.

———————

Comme ils aiment ces journées à l'hôpital ! Comme les grands hommes rudes aiment être traités comme des bébés, caressés et grondés, ordonnés et loués ! Qu'il est grand de voir les fleurs, de sentir ses forces revenir, de faire des promenades et des promenades, de trouver un champ qui ne soit pas troué par des trous d'obus ! Et comme ils sont tous joyeux, ces grands bébés !

L'autre jour, j'ai ouvert la porte de l'hôpital et j'ai découvert un « convoi » composé de trois hommes sans jambes et de deux sans bras, essayant de s'entraider pour gravir les six marches basses et criant de rire devant leurs efforts. Et l'un d'eux a vu la pitié sur mon visage, car il a souri.

"Ne vous inquiétez pas pour nous", dit-il. "Je m'en fiche si je n'ai ni bras, ni yeux ni jambes, tant que je suis de nouveau de retour à Blighty. Pourquoi" - et sa voix baissa alors qu'il me révélait le secret - " J'ai dit un Le petit garçon est né depuis que je suis allé au front, et je n'ai même jamais vu le petit mendiant, bon sang, nous, à l'hôpital, sommes les plus chanceux, et tout type qui n'a pas été tué devrait l'être. joyeux et brillant comme ce que nous sommes.

Et c'est le bonheur de tous ces hommes qui fait de l'hôpital un très bel endroit, car nulle part on ne trouve plus de courage et de gaieté que parmi ces gaillards avec leurs béquilles et leurs bandages.

Il n'y avait qu'un seul homme – Bill Stevens – qui semblait découragé et misérable, et nous ne nous en étonnions guère : il était aveugle et restait au lit jour après jour, avec un bandage autour de la tête, le seul aveugle de l'hôpital. Il était silencieux et morbide, et marmonnait à peine un mot de remerciement quand un homme traversait la salle avec ses béquilles pour lui rendre un service insignifiant, mais il avait supplié d'être autorisé à rester dans la grande salle jusqu'à ce que le moment soit venu. qu'il se rende dans un foyer spécial pour les hommes qui ont perdu la vue. Et les hommes qui le voyaient tâtonner, impuissant, en plein jour, lui pardonnaient sa hargne et cessaient de s'étonner de son découragement.

Mais même Bill Stevens devait changer, car le jour arriva où il reçut une lettre.

"Quel est le cachet de la poste ?" il a ordonné.

"Oxford", dit l'infirmière. « Dois-je vous le lire ?

Mais Bill Stevens serrait fort sa lettre et secouait la tête, et ce n'est qu'à l'heure du déjeuner qu'on en entendit parler davantage. Puis il appela la Sœur et elle lui lut le précieux document presque à voix basse, tant il était secret. Le soldat Bill Stevens tirait nerveusement sur les draps pendant que la sœur récitait les petites phrases d'amour : — Comment allait le cher Bill ? Pourquoi n'avait-il pas dit à Emily ce qui n'allait pas chez lui ? Qu'elle, Emily, viendrait le voir à quatre heures de l'après-midi, et comme ce serait sympa.

"Maintenant, tais-toi et ne t'inquiète pas", dit la Sœur, "sinon tu seras trop malade pour la voir. Eh bien, je déclare que tu es bien fiévreuse. De quoi as-tu à t'inquiéter ?"

"Vous voyez, c'est comme ça ici", a confié Bill Stevens. "Je n'ai pas osé lui dire que j'étais aveugle, et ce n'est pas juste de lui demander d'épouser un mec ce qui est impuissant. Elle pense seulement que je l'ai légèrement, et elle ne le fera pas. ne prends plus soin de moi maintenant.

"Il ne faut pas avoir peur", dit la sœur. "Si elle vaut quelque chose, elle t'aimera d'autant plus maintenant." Et elle l'a bordé et lui a dit d'aller dormir.

Puis, quand Emily est arrivée, la sœur l'a rencontrée et lui a annoncé la nouvelle. "Tu l'aimes, n'est-ce pas ?" » demanda-t-elle, et Emily rougit et sourit à travers ses larmes.

"Alors", dit la sœur, "faites de votre mieux pour lui remonter le moral. Ne lui laissez pas croire que vous êtes affligée par sa cécité", et elle emmena la jeune fille dans la salle où Bill Stevens attendait, agité et fiévreux. .

"Bill chéri," dit Emily. "C'est moi. Comment vas-tu ? Pourquoi as-tu mis ce bandage ?" Mais bien avant que le pauvre Bill puisse trouver les mots pour lui annoncer la nouvelle, elle se pencha sur lui et murmura : « Bill, mon cher, je souhaiterais presque que tu sois aveugle, pour que tu doives dépendre de moi, comme. Pas à cause de ta propre douleur, j'aimerais que tu sois aveugle, je le ferais vraiment.

Pendant longtemps, Bill bégayait et cherchait ses mots, car sa joie était trop grande. "Je suis aveugle, Em'ly," murmura-t-il enfin.

Et toute la salle détourna le regard tandis qu'Emily chassait ses peurs. Quant à Bill Stevens, il a tellement chanté, ri et parlé ce soir-là que la matrone a dû descendre pour l'arrêter.

Car, comme le faisait remarquer mon ami apode : « Nous, à l'hôpital, sommes les plus chanceux, et tout type qui n'est pas tué devrait être « joyeux et brillant comme nous ».

II

UNE RECETTE POUR LES GÉNÉRAUX

Chacun cherche toujours à se mettre du bon côté de son général ; J'ai découvert par hasard une recette que je crois infaillible pour quiconque porte des éperons et qui peut, d'une manière ou d'une autre, se mettre en présence de ce vénéré gentleman.

Un jour, j'étais assis dans une tranchée à l'extérieur de ma pirogue, mangeant un ragoût composé de bœuf bully, de biscuits rationnés et d'eau sale. A l'intérieur de ma pirogue, l'odeur des hommes enterrés n'était pas propice au bon appétit ; dehors, un horrible Hun s'amusait à tirer sur le sac de sable juste au-dessus de moi et à envoyer des pluies de terre dans mon cou et dans ma nourriture. C'est un fait aggravant que l'Allemand se montre toujours particulièrement répréhensible à l'heure du déjeuner et que, chaque fois que vous entrez dans la tranchée, ses balles semblent vous suivre : un instinct infaillible les porte vers la nourriture. Un morceau de terre plus gros que d'habitude dans mon ragoût a détruit le dernier vestige de ma bonne humeur. La prudence m'avertissant de la futilité de me mettre en colère contre un Hun à soixante-dix mètres de moi, j'appelai bruyamment mon domestique.

"Jones", dis-je quand il est arrivé, "enlevez ce truc. C'est aussi grave qu'une attaque au gaz. J'en ai marre. J'en ai marre de Maconochie, j'en ai marre du donc - de la viande dite « fraîche » qui fait parfois son apparition. Essayez de vous procurer quelque chose de nouveau ; donnez-moi une cruche de lièvre, ou un faisan, ou quelque chose de ce genre.

"Oui, monsieur", dit Jones, et il se précipita autour de la traverse pour finir lui-même mon ragoût.

Il n'est jamais bon de parler sans d'abord peser ses mots. C'est une vieille maxime ; je m'en souviens quelque chose dans un de mes premiers cahiers ; mais, comme la plupart des autres maximes, elle ne s'apprend jamais dans la vie réelle. Mon allusion inconsidérée au « lièvre en cruche » a fait travailler le cerveau de mon serviteur, car des lièvres et des lapins ont déjà été pris derrière la ligne de tir. La principale difficulté, celle de se rendre dans le pays hanté par ces animaux, fut facilement résolue, car, bien qu'un officier ne doive pas permettre à un homme de quitter une tranchée sans raison très importante, l'idée de pommes de terre nouvelles dans une ferme en ruine quelque peu en arrière, ou des cerises dans le verger, semble généralement une raison suffisamment importante pour renvoyer son domestique en mission de pillage. C'est ainsi que, à mon insu, mon domestique passa une partie des trois jours suivants à chasser le gros gibier derrière la ligne de tir.

Mon premier signe d'ennuis me vint le lendemain de notre retour à nos cantonnements pour nous reposer, lorsqu'un infirmier m'apporta un message du quartier général de la brigade. Cela s'est déroulé comme suit : -

"Le lieutenant Newcombe doit se présenter au quartier général de la brigade cet après-midi à 14 heures pour fournir des faits concernant son serviteur, n° 6789, le soldat Jones W., qui, le 7, a déchargé un fusil derrière la ligne de tir, au grand danger personnel du brigadier, de la compagnie du soldat Jones, étant à ce moment-là dans les tranchées.

" (*Signé*) G. MACKINNON ,
" *Major de brigade* . "

"Jones", m'écriai-je, "viens m'expliquer ça", et je lui lus le document incriminant.

L'anglais de mon domestique souffre toujours lorsqu'il est nerveux.

"Eh bien, monsieur," commença-t-il, "ça s'est passé comme ça ici. Après ce que vous avez dit l'autre jour à propos du boeuf des tyrans, je suis allé essayer de prendre un lapin ou un 'are. J'en ai vu plusieurs, monsieur. , mais je n'en ai jamais eu un ni câblé. Puis, vendredi, en plaisantant, alors que je tirais sur un 'ole', c'est ce que je vois, je suis un officier, un de ces hommes d'état-major 'Qui es-tu ?' " Il demande. Je lui ai dit que j'étais un domestique et que j'essayais juste de trouver un "sont pour mon mec - je vous demande pardon, monsieur, je veux dire mon officier. Puis, après beaucoup plus de discussions, il m'a demandé. dit : « Sais-tu que tu es parti et que c'est presque le Gen'ril ? C'est tout ce que je sais, monsieur. Je n'ai jamais voulu que ce soit Gen'ril.

"Tout ça, et même pas un lapin !" J'ai soupiré. " C'est une affaire sérieuse, et vous auriez dû vous méfier d'aller lâcher des munitions derrière la ligne de tir. Cependant, je vais voir ce qu'on peut faire. " Et mon domestique s'en alla, un peu découragé, pour noyer ses chagrins dans un verre de bière belge très douce et très désagréable.

Une heure ou deux plus tard, je me dirigeai vers un cantonnement voisin pour voir un ami et lui annoncer mon prochain entretien.

"Tu vas avoir l'enfer", était son seul réconfort. Puis, après coup, il dit : « Vous feriez mieux de porter mes éperons ; ils aideront à l'impressionner. Un tintement d'éperons rendra même votre salut intelligent.

C'est ainsi que moi, qui ne suis pas cavalier, je me suis rendu au quartier général de la brigade, à un mile de là, les orteils tournés vers l'intérieur, et une paire d'éperons brillants et brillants s'éloignant le plus possible des flancs de mon cheval.

Malheureux et mal à l'aise, on me fit entrer dans la chambre du général.

"M. Newcombe", commença-t-il après un premier coup d'œil sur un papier devant lui, "c'est une affaire très grave. C'est une grave offense de la part du soldat Jones, qui, si je comprends bien, est votre serviteur. "

"Oui Monsieur."

"C'est aussi un exemple de négligence flagrante de votre part."

"Oui Monsieur."

"Je revenais des tranchées à votre droite vendredi dernier, lorsqu'une balle est passée devant ma tête, venant de la direction opposée aux Allemands. J'ai une forte objection à ce que mes propres hommes me tirent dessus, juste derrière les tranchées de feu. , alors j'ai envoyé le capitaine Neville pour découvrir qui avait tiré, et il a trouvé votre serviteur.

"Oui Monsieur."

"Eh bien, pouvez-vous donner une explication sur cet événement extraordinaire ?"

J'ai expliqué au mieux de mes capacités.

"C'est un cas très inhabituel", dit le général lorsque j'eus terminé. "Je ne souhaite pas approfondir cette question, car vous êtes évidemment le véritable responsable."

"Oui Monsieur."

" J'en suis très mécontent, et vous devez veiller à ce qu'une meilleure discipline soit maintenue. Je n'aime pas poursuivre les officiers sous mon commandement, alors l'affaire en tombe ici. Vous devez réprimander très sévèrement votre domestique, et, je le répète, Je suis très mécontent. Vous pouvez y aller, M.. » — voici un autre coup d'œil au journal devant lui — « Newcombe, bon après-midi.

J'ai rapproché mes talons pour un salut très élégant... et j'ai verrouillé mes éperons ! Pendant quelques secondes, je restai chancelant devant lui, puis je tombai en avant et, m'appuyant des deux mains sur sa table, je parvins enfin à écarter mes pieds. Quand j'ai osé le regarder à nouveau pour m'excuser, j'ai vu que son froncement de sourcils avait disparu et que sa bouche se contractait avec une forte envie de rire.

« Vous n'êtes pas, je suppose, M. Newcombe, tout à fait habitué à porter des éperons ? » dit-il à l'instant.

Je rougis horriblement et, dans ma confusion, j'ai laissé échapper la raison pour laquelle je les avais mis. Cette fois, il rit sans retenue. "Eh bien, vous m'avez certainement impressionné avec eux." Puis, juste au moment où je me préparais à partir, il m'a dit : « Voudriez-vous prendre un verre de whisky,

Newcombe, avant de partir ? Neville, » appela-t-il au capitaine d'état-major dans la pièce voisine, « vous pourriez demander à Andrews d'apporter le du whisky et des verres.

«Bon après-midi», dit le général très affablement, lorsque, après un salut prudent, je pris enfin congé.

Laissez tous ceux qui veulent essayer cette recette pour se lier d'amitié avec un général. Je n'ose cependant pas garantir son infaillibilité, car cela dépend entièrement du général lui-même et, à lui, les règles et les instructions ne s'appliquent pas.

III

"BOUE!"

Ceux qui sont chez eux en Angleterre, forts de leur expérience des livres et des photographies de guerre, des raids de Zeppelin et des hôpitaux bondés, commencent à imaginer qu'ils savent tout ce qu'il y a à savoir sur la guerre. La vérité est qu'ils n'ont encore qu'une faible idée de la vie dans les tranchées, et qu'en ce qui concerne la boue, ils sont délicieusement ignorants. Ils ne savent pas ce qu'est la boue.

Ils ont lu le "Quatrième Élément" de Napoléon, ils ont écouté de longues descriptions de la boue en Flandre et en France, ils ont haussé des sourcils incrédules devant les récits d'hommes noyés dans les tranchées, ils ont émis une pensée fugace de pitié pour les soldats. là-bas" alors qu'ils rentraient chez eux dans les rues les nuits pluvieuses; mais ils n'ont jamais compris ce que signifie la boue, car aucune photographie ne peut en dire la profondeur visqueuse, et même la plume d'un Zola ou d'un Victor Hugo ne pourrait en donner une idée adéquate.

Et ainsi, jusqu'à la fin de la guerre, la vieille histoire se poursuivra : tandis que le soldat patauge et titube dans cet horrible marécage, le pessimiste à la maison se penchera en arrière dans son fauteuil et s'étonnera, tandis qu'il regarde la situation. la fumée de son cigare monte vers le plafond, pourquoi nous n'avançons pas à la vitesse d'un mille à l'heure, pourquoi nous ne sommes pas à Berlin et si notre armée est bonne à quelque chose. Si un tel homme savait pourquoi nous ne sommes pas sur le territoire allemand, qu'il se promène, par une nuit noire, dans la mare aux canards du village, puis dorme dans ses vêtements mouillés au milieu de la cour de ferme. Il ignorerait toujours la boue et l'humidité, mais il cesserait de s'interroger et de se plaindre.

C'est le fantassin qui souffre le plus, car il doit vivre, manger, dormir et travailler dans la boue. La plaine de boue traînante qui s'étend de la Suisse jusqu'à la mer est bien pire à affronter que les tirs de mitrailleuses ou les grosses bombes noires de mortier de tranchée qui se déversent dans les airs. C'est plus terrible que le gel et la pluie : on ne peut même pas taper du pied pour chasser le froid insidieux que la boue apporte toujours. Rien ne peut l'éloigner de vos mains, de votre visage et de vos vêtements ; il n'est pas possible d'enlever ses bottes pour sécher dans les tranchées : il faut s'allonger tel que l'on est, et souvent on a de la chance si l'on a sous soi deux sacs de sable vides pour se sauver de l'étreinte froide du marais.

Mais si la zone de boue est désolée le jour, elle est choquante la nuit. Imaginez un bataillon montant dans les tranchées pour relever un autre régiment. La pluie s'abat impitoyablement sur la longue traînée d'hommes qui trébuchent dans l'obscurité sur le *pavé*. Ils sont tous bien chargés, car outre son sac, son fusil et son équipement, chacun porte une pioche ou un sac de rations ou un fagot de bois de chauffage. A chaque instant retentit sur la ligne le cri de « tenir à droite », et toute la colonne dégringole du *pavé* dans la boue profonde du bord de la route pour permettre le passage d'une ambulance ou d'un wagon de transport. On ne fume pas, car ils sont trop près de l'ennemi, et on pense à six jours et six nuits de vigilance et d'humidité dans les tranchées.

Actuellement, la ligne sinueuse quitte la route à travers la boue. Ce n'est pas de la boue telle que nous la connaissons en Angleterre : elle est incroyablement glissante et incroyablement tenace, et chaque pas traînant demande un effort énorme. Les hommes s'écartent ou se serrent les uns contre les autres, de sorte qu'ils ont à peine la place de bouger ; ils glissent, se heurtent et se maudissent ; ils sont gênés par de petits fossés et par des fils téléphoniques qui courent, tantôt à quelques centimètres, tantôt à quatre ou cinq pieds du sol. Un homme trébuche sur une vieille musette qui gît sur son chemin - Dieu seul sait combien de musettes et combien de matériels ont été engloutis dans la boue de la plaine des Flandres, une partie de l'équipement des blessés jetés écarté pour alléger le fardeau — et quand il se remet debout, il n'est plus qu'une masse de boue, le canon de son fusil en est obstrué, il y en a dans ses cheveux, dans son cou, partout. Il avance en titubant, reconnaissant seulement de ne pas être tombé dans un trou d'obus, alors que les choses auraient été bien pires.

Juste au moment où les hommes attendent à découvert que le peloton de tête descende dans la tranchée de communication, un obus étoilé allemand s'élève et une mitrailleuse ouvre le feu un peu plus loin sur la ligne. Alors que la fusée s'enfonce derrière la tranchée britannique, elle éclaire les visages blancs des hommes, tous accroupis dans le marais, tandis que les balles passent, "comme une bande d'avaleurs fleuris", au-dessus de leurs têtes.

Et maintenant vient l'étrange quart de mile de tranchée de communication. Elle est très étroite, car l'ennemi peut l'enfiler, et elle est pavée de broussailles et de briques brisées, et un petit drain, destiné à garder le sol sec, longe un côté. À un endroit, un homme descend des broussailles dans les égouts et tombe tête baissée. Les autres derrière n'ont pas le temps de s'arrêter et un grotesque amas d'hommes s'entasse dans l'étroite tranchée noire. Un homme riant, les autres jurant, ils se relèvent et marchent vers la ligne de tir.

Ici, la boue est encore pire que dans la plaine qu'ils ont traversée. Tous les ingénieurs et toutes les pompes de tranchée du monde ne garderont pas une tranchée convenablement sèche quand il pleut neuf heures sur dix et lorsque la tranchée est la partie la plus basse du pays à des kilomètres à la ronde. Les hommes ne peuvent que « continuer » : le parapet doit être maintenu en bon état quel que soit le temps ; les sacs de sable doivent être remplis même si la terre est humide et collante. La boue peut presque arracher la botte d'un homme à chacun de ses pas – en fait, c'est souvent le cas ; mais l'homme doit continuer à creuser, à pelleter, à recouvrir la tranchée de tôles, de rondins, de briques et de planches dans l'espoir qu'un jour il aura mis suffisamment de revêtement de sol dans la tranchée pour atteindre un sol solide sous la boue.

Bien entendu, tout cela n'est qu'une idée des choses du fantassin. D'un point de vue tactique, la boue a une importance bien plus grande : c'est l'ennemi le plus implacable qu'une armée puisse être appelée à affronter. Même sans boue et sans Allemands, il serait très difficile de nourrir et de soigner un million d'hommes en mouvement ; avec ces deux inconforts, le mouvement devient presque impossible.

Ce n'est qu'après avoir vu une batterie d'artillerie de campagne en mouvement en hiver que l'on peut se rendre compte de l'énorme importance du beau temps pour avancer. Il faut regarder les chevaux travailler et plonger dans la boue qui atteint presque leurs sangles ; il faut voir les hommes en sueur, à moitié nus, s'efforçant, avec des veines saillantes, de faire tourner les roues ; il faut entendre le cri de succion de la boue lorsqu'elle relâche son emprise ; et vous devez vous rappeler que ce n'est qu'une batterie de canons légers qui est déplacée.

C'est donc la boue qui est le grand ennemi. C'est donc à la boue, et non à une organisation défectueuse ou aux prouesses allemandes, que vous devez reprocher si nous n'avançons pas aussi vite que vous le souhaiteriez. Même si nous ne parvenions pas à avancer d'un mètre dans un an, les Anglais ne devraient pas se décourager. « Là-bas », nous sommes confrontés à l'un des pires ennemis. Si nous n'avançons pas, ou si nous avançons trop lentement, rappelez-vous que c'est la boue qui en est la cause, et non les canons allemands.

IV

L'ATTAQUE SURPRISE

"Vous sentez-vous vraiment apte à reprendre le service actif ?" » a demandé le président de la commission médicale.

Ce n'est pas sans raison que Roger Dymond a hésité avant de donner sa réponse, car la nervosité est une chose difficile à gérer. C'est surprenant, mais c'est vrai, qu'on ne trouve jamais un homme qui ait peur la première fois qu'il est sous le feu. Il y en a des milliers qui ont peur à l'avance – ils ont peur de « s'en foutre » le moment venu, mais quand ils voient des hommes qui sont dehors depuis des mois « esquiver » à chaque obus qui passe au-dessus de leur tête, ils commencent à penser à quel point ils sont courageux, et ils se demandent ce qu'est la peur. Mais après avoir passé des semaines dans les tranchées, lorsqu'ils réalisent ce qu'un obus peut faire, leur courage commence à s'effondrer ; ils sursautent lorsqu'ils entendent un coup de fusil, et ils s'accroupissent près du sol au sifflement d'un obus qui passe.

Ainsi en était-il de Roger Dymond. Au début de la guerre, il s'était bien amusé – si quelqu'un pouvait profiter de cette terrible retraite et de cette terrible avancée. Il avait été l'un des premiers officiers à recevoir la Croix militaire, pour un brillant travail au bord du canal à Givenchy ; il avait ri et plaisanté pendant qu'il restait toute la journée à l'air libre et écoutait les balles qui partaient « pht » contre les quelques mottes de terre qu'il avait érigées avec son outil de retranchement, et qui portaient le nom ronflant de « couvre-chef ». ".

Et puis, un jour, un obus d'obusier était tombé dans la pirogue où il déjeunait avec ses trois amis particuliers. Lorsque les hommes de sa compagnie lui enlevèrent les sacs de sable, il n'était plus qu'une épave bafouillante, indemne mais paralysé, et éclaboussé du sang de trois morts.

Maintenant, après des mois de rêves de bataille et de terreur folle, de massages et de traitements électriques, il se trouvait confronté à la question : « Vous sentez-vous à nouveau tout à fait apte au service actif ?

Il en avait assez de rester chez lui sans se plaindre, il en avait marre des tâches légères avec son bataillon de réserve, il voulait se retrouver au front avec les hommes et les officiers qu'il connaissait... et pourtant, supposant son courage, j'y suis retourné, en supposant qu'il avait perdu le contrôle de lui-même....

Mais finalement, il leva les yeux. "Oui, monsieur," dit-il, "je me sens prêt à tout maintenant, tout à fait en forme."

Trois mois plus tard, le médecin militaire discutait avec le commandant dans l'abri du quartier général.

« Quant au vieux Dymond, dit-il, il n'aurait jamais dû être envoyé ici. Il a déjà fait sa part, et on aurait dû lui donner un travail « pépère » à la maison, au lieu d'un de ces jeunes employés. "des gâcheurs" - car le MO ne faisait acception de personne, et même un "chapeau d'airain" ne parvenait pas à l'effrayer.

"Tu ne peux pas l'envoyer sur la ligne ?" dit le commandant. "Ce n'est pas un endroit pour un homme atteint de neurasthénie. Mon Dieu ! as-tu vu la façon dont sa main tremblait quand il était ici tout à l'heure ?"

"Et il est totalement abstinent maintenant, pauvre diable", soupira le Docteur avec pitié, car lui-même aimait sa goutte de whisky. "Je l'enverrai au poste de secours demain avec une note disant aux gens du RAMC là-bas qu'il souhaite un changement complet."

"Bien", dit le commandant "Je suis vraiment désolé qu'il doive partir, car c'est un très bon officier. Cependant, on n'y peut rien. Prenez un autre verre, Doc."

C'est une mauvaise politique que de refuser l'offre d'un officier supérieur, et le MO était un homme assoiffé, alors il s'est servi avec libéralité. Avant qu'il ait porté le verre à ses lèvres, le rugissement soudain de nombreux obus éclatés le fit se lever d'un bond. "Enfer!" grogna-t-il. "Une autre haine. Encore du sale boulot à la croisée des chemins." Et il se précipita vers la petite pirogue qui lui servait de poste de secours, sa boisson bien-aimée restant intacte sur la table.

Pendant ce temps, Roger Dymond, accroupi contre le parapet, écoutait les explosions tout autour de lui. Les bombes « bidons d'huile » et « Minnewerfer » déferlaient dans les airs, les « Crumps » éclataient avec de gros nuages de fumée noire, des morceaux de « Whizz-bangs » passaient en bourdonnant et s'enfonçaient profondément dans le sol. Roger Dymond essaya d'allumer sa cigarette, mais sa main tremblait au point qu'il pouvait à peine tenir l'allumette, et il la jeta de peur que les hommes ne voient à quel point il tremblait.

Des milliers de personnes ont essayé de décrire le bruit d'un obus, mais aucun homme ne peut savoir à quoi cela ressemble s'il ne peut pas se mettre dans une tranchée pour entendre le son original. Il y a le rugissement métallique des vagues qui se brisent juste avant la pluie, il y a le sifflement du vent à travers les arbres, il y a le grondement d'un énorme moteur de traction et il y a le retour de flamme aigu d'une automobile. À chaque bruit sinistre, Roger Dymond sentait son emprise sur lui-même s'accroître petit à petit... s'accroître...

À côté de lui, dans la tranchée, était accroupi Newman, un soldat qui faisait partie de son peloton autrefois lorsqu'ils marchaient, en sueur et à moitié morts, sur les routes brûlantes vers Paris.

"Ils sont vraiment trop libres avec leurs croix de fer et autres souvenirs", grogna cet excellent garçon. "Je préférerais les combattre comme nous l'avons fait dans ce cimetière près du Cateau, n'est-ce pas, monsieur ?"

Dymond sourit d'un air maladif, et Newman, étant un vieux soldat, savait quel avait le problème avec son capitaine. Il le regarda peu à peu perdre son sang-froid, mais il n'osa pas suggérer que Dymond devait « tomber malade », et il fit la seule chose qu'on pouvait faire dans ces circonstances : il parla comme il n'avait jamais parlé auparavant.

« Mon Dieu ! » » dit-il après un long monologue destiné à détourner l'attention du bruit de l'enfer. "J'aurais aimé que nous soyons un peu plus proches des démons pour qu'ils ne puissent pas nous bombarder. J'aimerais aussi m'attraper et contourner le cou d'un vilain fléau."

Une seconde plus tard, une bombe de mortier de tranchée déferla dans les airs et tomba sur les parados près des deux hommes. Il y eut une pause, puis une terrible explosion qui jeta Dymond au sol et, alors qu'il tombait, les mots de Newman semblèrent lui traverser la tête : « J'aimerais bien que nous soyons un peu plus près des démons pour qu'ils puissent ne nous bombarde pas. Il ressentit un moment de terreur aiguë, puis quelque chose dans son cerveau sembla se briser et tout ce qui suivit resta vague, car le capitaine Roger Dymond devint fou.

Il se souvient avoir grimpé hors de la tranchée pour se rapprocher si près des Huns qu'ils ne pouvaient pas le bombarder ; il se souvenait d'avoir couru — tout le monde courait, ses propres hommes couraient avec lui et les Allemands le fuyaient ; il avait le vague souvenir d'avoir descendu une longue tranchée étrange, brandissant un outil de retranchement qu'il avait ramassé quelque part ; puis il y a eu un grand éclair et une douleur horrible, et tout était fini : le bombardement était enfin terminé.

Ce n'est que lorsque Roger Dymond fut hospitalisé à Londres qu'il s'inquiéta à nouveau. Un soir, cependant, la sœur apporta un journal et indiqua son propre nom parmi une liste de neuf autres lauréats de la VC. Il lut le petit paragraphe en dessous avec le plus profond étonnement.

"Pour bravoure remarquable", disait-il, "sous le feu d'obus très nourris le 26 août 1916. Voyant que ses hommes étaient démoralisés par le bombardement, le capitaine Dymond, de sa propre initiative, mena une attaque surprise contre les tranchées ennemies. Il trouva les Allemands non préparés et, à la tête de ses hommes, captura deux lignes de tranchées le long d'un front de deux cent cinquante mètres. Le capitaine Dymond perdit ses deux jambes à cause des tirs d'obus, mais ses hommes purent reconquérir presque tout leur terrain et. pour le tenir contre toutes les contre-attaques.

"Cet officier a reçu la Croix militaire plus tôt dans la guerre pour sa grande bravoure près de La Bassée."

Il termina cet article étonnant et écrivit une lettre, d'une main hésitante qu'il ne pouvait pas reconnaître comme la sienne, au War Office pour leur faire part de leur erreur - qu'il fuyait en réalité les obus de l'ennemi - et reçut une réponse. visite d'un général.

"Mon cher," dit-il, "la VC n'est jamais décernée à un homme qui ne l'a pas mérité. Le seul regret est que tant de gars le méritent et ne l'obtiennent pas. Vous l'avez mérité et vous l'avez obtenu. Tenez-vous-en à et estimez-vous sacrément chanceux d'être en vie pour le porter. Il n'y a plus rien à dire.

Et c'est l'histoire du capitaine Roger Dymond, VC, MC Parmi les rares d'entre nous qui étaient là à ce moment-là, il n'y en a pas un qui lui en voudrait du droit de mettre ces lettres les plus convoitées après son nom, car nous étions nous avons tous participé au bombardement et nous l'avons tous vu charger et entendu crier et rire alors qu'il se dirigeait vers l'ennemi. La VC, comme le disait le général, n'est jamais donnée à un homme qui ne l'a pas mérité.

V

"PONGO" SIMPSON SUR LES BOMBES

"Pongo" Simpson était assis devant un brasier en train de faire bouillir du thé pour son capitaine, lorsque le déclic d'avertissement retentit depuis les tranchées allemandes. Instinctivement, il rabattit le couvercle sur la cantine et plongea pour se mettre à l'abri, tandis que la grande bombe noire de mortier de tranchée se tordait et tournait dans les airs. Il tomba au sol avec un bruit sourd, il y eut une seconde de silence, puis une épouvantable explosion. Le toit de la pirogue dans laquelle « Pongo » avait trouvé refuge s'affaissait de façon menaçante, la poutre de support se fissura et la lourde couche de terre, de briques et de branches s'affaissa sur l'homme accroupi.

Il a fallu cinq minutes pour l'en sortir, et il était au bord de l'étouffement lorsqu'ils l'ont traîné dans la tranchée. Pendant un instant, il regarda autour de lui avec étonnement, puis un sourire apparut sur son visage. "C'est ce que j'aime dans cette vie d'avant, il n'y a pas besoin de s'ennuyer. Pas besoin de pictcher shows ou de pubs, il y a des divertissements pour toi pour rien." Et tandis qu'il se relevait, un air renfrogné remplaça le sourire. "Je parie que je connais le fléau qui a envoyé cette bombe," grogna-t-il. "Je suppose que c'est le vieux Fritz qui avait l'habitude de s'engueuler dans ce vieux magasin de Walworth Road - c'est sur lui que j'ai mis une mauvaise couronne. ".

Cinq minutes plus tard, il avait échangé l'épave délabrée de sa gourde contre une nouvelle appartenant au soldat Adams, qui dormait plus loin dans la tranchée, et s'était mis à faire bouillir une nouvelle quantité de thé pour son capitaine.

"Des choses vraiment drôles, des bombes et des choses comme ça", commença-t-il à présent. "Vous ne pouvez pas leur faire confiance maintenant. Regardez le vieux sergent Allen par exemple. Il est parti en congé après un an d'absence ici, et il a pris une fusée à retardement ordinaire d'un obus avec lui pour mis sur sa cheminée. Et dès la première nuit, alors qu'il était rentré, la chose incriminée est tombée alors qu'elle ne regardait pas et l'a mordu à la jambe, de sorte qu'il a dû tout dépenser. Il est temps à l'hôpital. Ils explosent toujours alors qu'ils ne le devraient pas. Est-ce que je t'ai déjà parlé de moi, frère Bert ?

Un chœur négatif des autres hommes qui se tenaient autour du brasier l'encouragea à continuer.

"Eh bien, Bert a toujours été un peu idiot, et je pensais qu'il ferait quelque chose de stupide quand il arriverait au front. Bien sûr, la toute première nuit de floraison, il est entré dans une tranchée, Il était en train de le parcourir quand il a glissé et s'est assis sur une boîte de bombes. C'est un idiot ce que je vous dis : neuf des blighters ont explosé, et il n'a pas été tué. L'Angleterre est maintenant dans un hôpital, et il est en forme comme un seigneur. La seule chose qui ne va pas chez lui maintenant, c'est qu'il est toujours le premier qui se lève et cède sa place à une dame quand un tramway est plein – encore un peu. douloureux comme."

Joe Bates crachait avec beaucoup de précision et de soin par-dessus le parapet en direction des Allemands. "Ce ne sont pas des bombes, ça ne me dérange pas", dit-il, "ce sont les mines là-bas. Quand je suis parti pour la première fois après avoir combattu les 'Uns, j'étais à Saint-Éloi, et ils ont fait exploser beaucoup d'entre nous. une nuit, ça ne ressemble à rien sur terre, et le pire, c'est que je plaisantais avec une boîte de cigarettes envoyée par une vieille fille dans "Blighty", et quand je revenais à Terre, il n'y avait pas de pédé en fleurs. Si ce n'est pas suffisant pour faire jurer un mec, je ne sais pas, "Comme n'importe quel sport, j'ai un pédé à me donner." "Et une cigarette pendant deux jours", a-t-il terminé, "sauf un petit peu de clope que le Keptin a jeté."

Le soldat Parkes hésita une minute, puis, voyant les yeux de Joe Bates fixés sur lui, il sortit un « Woodbine » cassé de quelque part à l'intérieur de sa casquette.

"Oui", reprit "Pongo", tandis que Joe Bates allumait sa cigarette, "ce n'est pas ce qu'on appellerait la guerre. Cela ne me dérangerait pas d'aller chercher le vieux Fritz avec un 'ammer, mais qu'en est-il des 'owitzers ? et 'crumps', et 'Black Marias', et 'pip-squeaks' et 'whizz-bangs', le type d'infanterie n'a pas eu de chanson avant que je sois dans une tranchée fleurie depuis six mois, et. Pourquoi ai-je utilisé mon bay'nit ? Pour couper du bois et réveiller le vieux Sandy quand il ronfle. Sur toute la ligne, nos gars courent et le donnent aux Alleyman comme si, et là-haut, nous nous asseyions comme pour plaisanter. beaucoup de poupées pendant qu'ils envoient ces fichues bombes. Je leur donnerai pourquoi, je les mettrai dessus. Et il disparut autour de la traverse avec la gourde de thé pour son officier.

Dix minutes plus tard, il est revenu avec une bombe de confiture à la main. "Je parie que je peux atteindre leur poste d'écoute fleuri avec ça", dit-il, et il alluma délibérément un morceau de papier sur le feu du brasier et le plaça sur l'étrange centimètre de mèche qui dépassait de la bombe. La bombe à confiture moyenne est fusionnée pour brûler pendant trois ou quatre secondes avant d'exploser, de sorte que, une fois la mèche allumée, vous ne gardez pas la bombe près de vous longtemps, mais l'envoyez avec vos meilleurs vœux à Fritz par-dessus le chemin. "Pongo" retira son bras pour lancer sa bombe et avait commencé son mouvement vers l'avant, lorsque ses doigts semblèrent glisser et que l'arme tomba dans la tranchée.

Il y eut une course effroyable et tout le monde disparut pêle-mêle autour de la traversée.

Juste au moment où le caporal Bateman tournait au coin pour se mettre en sécurité, il jeta un coup d'œil en arrière et vit "Pongo" s'étaler sur sa bombe dans le style le plus approuvé, pour empêcher les fragments de se propager. Il y eut une longue pause pendant laquelle les hommes, accroupis près du parapet, attendirent, attendirent... mais rien ne se passa.

Finalement, quelqu'un passa la tête par la traverse et découvrit « Pongo » assis sur le sac de sable récemment libéré par le caporal Bateman, essayant de maintenir la bombe en équilibre sur la pointe d'une baïonnette.

"'Ullo!" dit cet individu. "Je pensais que tu étais parti pour le week-end. Il ne me ferait pas de mal, pas ce petit gars", et il caressa le pot de confiture.

"Eh bien," dit Joe Bates quand, un par un, les hommes furent revenus vers le feu, "si ce n'est pas un miracle florissant ! Je n'ai jamais vu de nuffin comme ça. N'est-ce pas toi 'arf "Et une évasion, Pongo ?"

"Pongo" se leva et se dirigea vers la traversée. "Ce n'est pas une évasion comme vous le pensez, les gars, parce que, voyez-vous, la bombe n'est rien de plus, ni une boîte de confiture ordinaire avec un peu de fusible que j'ai mis dedans."

Et il disparut dans la tranchée aussi rapidement que ses camarades quelques minutes auparavant.

VI

LE MAÎTRE D'ÉCOLE DE PONT SAVERNE

je

" Ainsi, voyez-vous, maître d'école, " dit l'Oberleutnant von Scheldmann, " vous, Français, êtes une race de chiens. Nous sommes les vrais maîtres ici, et, par le Ciel, nous sommes venus vous le faire comprendre. Vos défenseurs bien-aimés courent pour leur vie de la nation qu'ils ont osé défier il y a un mois. Ils sont battus, mis en déroute. Que disent-ils dans vos livres latins « Væ Victis ? Malheur aux vaincus ! »

Gaston Baudel, maître d'école du petit village de Pont Saverne, regardait par la fenêtre la route blanche qui mène à Châlons-sur-Marne, à six kilomètres de là. Entre les peupliers, il l'apercevait, et la rivière serpentait à ses côtés, un large ruban d'argent poli. De la route s'élevaient çà et là des nuages de poussière, annonçant une batterie ou une colonne en mouvement. La place du petit village, où il vivait depuis près de quarante ans, était remplie de troupes allemandes ; la rivière a été souillée par des centaines d'Allemands, lavant la poussière et le sang ; les auberges résonnaient des rires allemands et des chansons allemandes, et, tandis qu'il regardait, quelqu'un lançait un plateau de verres par la fenêtre du Lion d'Or dans la rue. Son sang bouillonnait de haine envers les hôtes envahisseurs qui avaient si brutalement réveillé le village endormi et paisible, et il sentit sa maîtrise de soi glisser, glisser…

"Donnez-moi à manger", dit soudain l'Allemand. "Nous n'avons pratiquement pas mangé un seul repas décent depuis que vos chiens de soldats ont commencé à courir. Apportez immédiatement de la nourriture et du vin, afin que je puisse continuer et aider à essuyer la racaille française et britannique de la terre."

L'insulte était de trop pour Gaston Baudel. « Puissé-je être maudit, cria-t-il, si je lève la main ou le pied pour vous nourrir, vous et vos semblables. Je vous hais tous, car n'avez-vous pas tué mon propre père lorsque vos soldats ont envahi la France il y a quarante-quatre ans ! et trouver de la nourriture ailleurs.

Von Scheldmann rit intérieurement, amusé par la colère du Français. Il se pencha par la fenêtre et appela son domestique et un autre homme, qui étaient assis sur le seuil de la porte.

"Attachez ce coq de combat avec quelque chose", ordonna-t-il, "et allez voir s'il y a quelqu'un d'autre dans la maison."

Un maître d'école non armé n'est pas à la hauteur de deux Allemands armés et costauds. Gaston Baudel donnait des coups de pied et se débattait comme il ne l'avait jamais fait auparavant, mais il était vieux et faible, ses yeux étaient larmoyants à cause de nombreuses lectures et son bras n'avait plus la force de la jeunesse. En quelques secondes, il resta haletant sur le sol, tandis qu'un Allemand, agenouillé sur lui, lui attachait les mains derrière le dos avec des bandes de ses propres draps.

"Maintenant, espèce de porc", dit von Scheldmann lorsque les soldats furent partis fouiller la maison, "rappelle-toi que tu es le chien conquis d'une race conquise et que mon épée a soif du sang français", et il ajouta un sens à son message. » en dégainant son arme et en piquant les jambes maigres du maître d'école. "Si je ne reçois pas de nourriture dans quelques minutes, je devrai la faire passer dans ton corps."

Gaston Baudel avait trop entendu parler de guerre pour faire confiance à ce que nous appelons la « civilisation », qui n'est, au mieux, qu'un manteau sous lequel se cache le sauvage. Il savait que l'ordre de tuer et de piller était plus que suffisant pour faire naître toutes les passions latentes que l'homme a essayé de cacher depuis l'époque où il s'est d'abord vêtu de peaux ; qu'il ne s'agissait pas d'une vaine menace de la part de l'officier allemand. Il resta donc silencieux sur le sol de sa propre salle de classe, jusqu'à ce que les deux soldats reviennent, traînant entre eux Rosine terrifiée, son ancienne gouvernante.

"Es-tu le serviteur du maître d'école ?" » demanda von Scheldmann, en français.

Rosine hocha la tête, car aucun mot ne lui venait.

"Eh bien, apporte-moi immédiatement la meilleure nourriture et le meilleur vin de la maison, sinon ton maître en souffrira."

Rosine jeta un coup d'œil à Gaston Baudel, qui lui fit un signe de tête aussi bien que sa position le lui permettait. Les larmes aux yeux, la vieille servante se précipita vers sa cuisine pour préparer le repas.

"Attachez le maître d'école à cette chaise", ordonna l'officier allemand, "et placez-le en face de moi, afin qu'il puisse voir à quel point son invité apprécie son déjeuner."

Ainsi ils s'assirent, l'hôte et l'invité, face à face autour de la petite table de sapin près de la fenêtre. Le soleil brillait sur le linge propre et le vin couleur de sang, ainsi que sur les cheveux gris du maître d'école. À l'ombre du pommier, l'Allemand était assis, tantôt buvant, tantôt jetant un regard moqueur à son hôte réticent. Le repas fut interrompu par un aide-soignant qui entra avec un mot.

Von Scheldmann le lut et jura. « Dans cinq minutes, nous défilons, dit-il, pour poursuivre vos lâches chiens de *poilus* . Santé aux nouveaux dirigeants de la France ! Santé à l'Empire allemand ! et il se pencha par-dessus la table vers le maître d'école. « Bois, espèce de chien », dit-il, « bois à mon toast », et il tenait son verre près des lèvres de l'autre.

Gaston Baudel hésita un moment. Puis il pencha brusquement la tête en avant et, du menton, fit tomber le verre des mains de l'Allemand. Alors que le vin éclaboussait le sol, von Scheldmann se leva d'un bond.

"Porc!" il cria. "C'est une chance pour toi que ton vin soit bon et qu'il m'ait mis de bonne humeur, sinon tu mourrais certainement pour cette insulte. Dans l'état actuel des choses, tu ne feras que perdre tes oreilles, et je profiterai au monde en les coupant." . Si vous bougez d'un pouce, je devrai passer mon épée dans votre cœur.

Il leva son épée et l'abattit deux fois. Puis il appela son domestique et se précipita dans la rue ensoleillée, laissant Gaston Baudel attaché à sa chaise, le sang chaud coulant de chaque côté de son visage.

II

Six jours plus tard, peu avant la mi-septembre, un bruit inhabituel dans la rue fit sortir le vieux maître d'école de son petit-déjeuner. Il parcourut le petit chemin dallé du jardin jusqu'au portail et regarda la route de haut en bas. Près du green, sur la place, un groupe de villageois discutait et gesticulait, et du côté d'Ecury arrivaient le profond grondement de la circulation et le bruit des tirs nourris.

Le maître d'école appela un des paysans. "Hé, Jeanne", cria-t-il. "Quelles sont les nouvelles?"

— Les Boches reviennent, monsieur Baudel, dit Jeanne Legrand. "Ils fuient nos troupes et passeront par ici, nombreux. Je prie pour qu'ils soient trop pressés de s'arrêter !" Et son visage devint anxieux et effrayé.

Le vieux Gaston Baudel sortit de son jardin et rejoignit le groupe sur la place. "Courage, mes amies", dit-il. "Même s'ils restent un certain temps, même si nos maisons sont bombardées, qu'importe ? La France est en train de gagner et elle repousse les Allemands. C'est en tout cas une bonne nouvelle."

"Tout de même," dit la grosse madame Roland, logeuse du Lion d'Or, "s'ils cassent encore mes verres, j'aurai envie de casser ma dernière bouteille de vin sur leurs têtes sales." Et elle s'en alla cacher ce qui restait de ses liqueurs et de son champagne sous le sac de la cave.

"Rentrons tous chez nous", conseilla Gaston Baudel, "pour cacher ce qui a de la valeur. Même moi, avec ce bandeau autour de la tête, j'entends avec quelle rapidité ils se retirent. Il n'y aura, hélas ! pas d'école pour... jour. Puissent nos courageux soldats chasser les démons de notre belle terre de France.

Au moment même où il parlait, les premiers wagons de transport dévalèrent la route et virèrent vers le nord au-dessus de la rivière. Au loin, dans la brume matinale, on apercevait l'infanterie – des masses sombres trébuchant le long de la route blanche – jusqu'à ce qu'un convoi de camions à moteur les cache à la vue.

Gaston Baudel s'est assis dans sa salle de classe pavée pour attendre le passage des Allemands et corriger les tâches de ses petits élèves. Il leur avait donné un *devoir de style* d'écrire sur la gloire de la France, et, en lisant les prophéties enfantines et mal orthographiées de la grandeur de son pays, il riait, car les Allemands étaient en retraite, le plus gros des inquiétudes était passé. , et Paris fut sauvé. Et, heure par heure, il écoutait le grondement des canons, le bruit des wagons de transport et des ambulances, et le piétinement lourd des soldats fatigués sur la route poussiéreuse.

Soudain, il entendit un bruit de bottes remontant son petit chemin de jardin, et une grande silhouette apparut dans l'embrasure de la porte. Un officier allemand, couvert de terre, entra dans la pièce et se jeta sur une chaise.

"Tu es toujours là, chien sans oreilles ?" dit-il, et le maître d'école reconnut son bourreau d'il y a huit jours. "Donnez-moi quelque chose à emporter avec moi, et tout de suite. Je n'ai pas le temps de m'arrêter, mais je vais certainement vous tuer cette fois si vous ne m'apportez pas à manger, et encore plus de ce vin rouge."

Gaston Baudel jeta un coup d'œil vers le tiroir où il gardait son revolver — même s'il ne s'en serait jamais servi contre tant de cambrioleurs — mais une idée soudaine lui vint et il arrêta son mouvement. Après quelques mots murmurés, il se précipita vers la cuisine pour chercher de la nourriture pour l'Allemand.

"Rosine," dit-il, "coupe un sandwich pour ce chien allemand, puis cours dans ma chambre et récupère la cire à cacheter noire sur mon bureau."

Lorsqu'elle fut partie lui obéir, Gaston Baudel ouvrit une bouteille de vin rouge et en versa un peu. Puis, allant chercher dans sa chambre une petite bouteille à bouchon de verre, il en vida le contenu – de la morphine pure – dans le vin et reboucha la bouteille.

« Tant pis, se dit-il, pour le médecin et ses médicaments. Il m'a peut-être dit quelle quantité il fallait diluer pour atténuer la douleur de mes oreilles, mais il ne m'a donné aucune instruction sur le dosage des Allemands. Ils ont un estomac solide. ; qu'ils boivent des boissons fortes.

Mais alors qu'il scellait le bouchon et le goulot de la bouteille, pour dissiper les soupçons de l'Allemand, une pensée lui vint. N'était-il pas en train de commettre un meurtre ? N'enlevait-il pas à un semblable le don de la vie de Dieu ? Inconsciemment, il toucha le bandage qui recouvrait ses oreilles mutilées. Mais il ne pourrait sûrement pas être mal de tuer l'un de ces oppresseurs détestés ? Ne faut-il pas détruire à tout prix un ennemi de la France ?

Alors qu'il hésitait, la voix impatiente de von Scheldmann résonna dans la salle de classe. "Vous salaud!" a-t-il crié, "est-ce que tu m'apportes à manger, ou dois-je venir la chercher ?"

Le maître d'école saisit un morceau de papier et y griffonna quelques mots. Puis, le glissant entre le fromage et le pain du sandwich, il fit un petit paquet de nourriture et sortit précipitamment de la pièce. Dieu, ou le destin, doit décider.

Il remit la nourriture et le vin à l'Allemand et le regarda parcourir l'allée du jardin pour se joindre au flot incessant de soldats en blouse grise qui s'avançaient vers le nord.

III

L'Oberleutnant von Scheldmann s'assit sur un talus au bord de la route pour déjeuner en toute hâte. Derrière lui, parallèlement à lui, devant lui, marchait l'armée allemande ; et le tonnerre des canons, au bord de la Marne, annonçait le combat d'arrière-garde. Tandis qu'ils passaient devant eux, les soldats regardaient avec envie le pain, le fromage et le vin, car le pays était à court de nourriture et, même s'il n'y en avait pas, l'avancée rapide et la retraite rapide ne laissaient que peu de temps pour le pillage.

Von Scheldmann fit tomber le bouchon de la bouteille de vin d'un coup de pierre et, en prenant soin d'éviter les bords tranchants du verre, il but longuement et profondément. Tandis qu'il mordait goulûment dans le sandwich, ses dents se rencontrèrent sur quelque chose de fin et de ténu, et il sépara les deux morceaux de pain. À l'intérieur se trouvait un bout de papier. Avec un juron, il était sur le point de jeter le papier, quand des mots dessinés au crayon attirèrent son attention.

« Je laisse à Dieu, lit-il, le soin de décider si vous vivez ou si vous mourez. Si vous n'avez pas bu de vin, ne le faites pas, car il est empoisonné. Si vous l'avez bu, vous êtes perdu et rien ne peut vous sauver. Les Français victorieux retrouveront votre cadavre et se réjouiront Væ victis ! Malheur aux vaincus !

Et alors même qu'il lisait les mots écrits à la hâte, von Scheldmann ressentit le premier terrible sentiment d'engourdissement qui présageait la fin.

VII

LES PETITS TRAVAUX

Nous nous sommes assis dans un wagon et nous nous sommes dit, comme les civils aiment le faire, quelle était la manière la plus rapide de mettre fin à la guerre. "Vous devriez être capable de tenir près de 400 mètres de tranchées avec une compagnie", disait mon ami. "Vous voyez, une compagnie vous donne aujourd'hui 250 combattants pour occuper les tranchées."

Et puis la silhouette boueuse dans le coin, le seul autre occupant de la voiture, s'est réveillée. "Vous ne savez pas de quoi vous parlez," renifla-t-il en jetant sa casquette sur le support et en posant ses pieds sur le siège opposé.

"Vous ne savez pas de quoi vous parlez", répéta-t-il. " Vous avez de la chance si votre entreprise peut produire plus de 150 hommes pour entretenir les tranchées ; vous oubliez complètement les petits boulots. Prenez par exemple l'entreprise dans laquelle je travaille au front. Imaginez-vous que nous avons 250 hommes ? " pour occuper les tranchées ? D'abord, il y a toujours des hommes qui sont frappés et qui tombent malades, ou des hommes qui sont envoyés pour garder les lignes de communication, et leurs places ne sont pas remplies par de nouvelles recrues pendant des semaines. Quant aux petits boulots, il n'y a pas de fin. Mon propre ami est un aide-soignant – il reste assis toute la journée dans une abri et se réveille à des heures précises pour téléphoner « Pas de changement dans la situation » au quartier général du bataillon. C'est vrai qu'il fait du bien. travailler quand les Huns « mitraillent » son fil et qu'il doit sortir et le réparer, mais il ne lance pas d'attaque ; il reste assis dans sa pirogue et téléphone comme des flammes pour obtenir des renforts pendant que les Allemands poivrent son toit pour obtenir des renforts. lui avec des « whizz-bangs ».

"Et puis il y a le vieux Joe White, l'homme comme un morse, qui nous a quittés il y a des mois pour aller garder le quartier général de la division ; il y a cinq serviteurs d'officiers qui sont bien trop occupés pour s'occuper d'une tranchée ; il y a un caporal de poste qui descend qui rencontre chaque soir le transporteur pour aller chercher les lettres de la compagnie, et qui en général amène un sac de pain par erreur ou jette les paquets dans des trous d'obus pleins d'eau ; il y a un type noir et gras qui se dit cuisinier, et qui s'occupe d'un grand « réservoir » appelé « cuiseur », d'où il extrait du thé huileux et de la viande couverte de feuilles de thé. En plus de tous ces gars, il y a seize hommes d'hygiène qui errent avec des boîtes de chlorure de chaux et gardent la tranchée. propre, ils ne tiennent pas les tranchées ; puis il y a trois infirmiers du bataillon, qui courent avec des messages du quartier général et qui réveillent le capitaine, dès qu'il s'endort, pour lui demander d'indiquer par écrit la quantité de fromage qu'il y a délivré à ses hommes hier ou pourquoi le soldat X ne s'est pas fait couper les cheveux.

" Pensez-vous que cela termine la liste ? Pas du tout. Il y a une demi-douzaine de mitrailleurs qui n'ont rien à voir avec le travail de la compagnie ; une demi-douzaine d'hommes et un sergent-intendant attaché au transport pour s'occuper des chevaux et pour flirter avec les filles dans les fermes ; deux serveurs de mess dont le travail est de nourrir les officiers ; et il y a quatre hommes qui passent des moments très pourris – ce sont les mineurs qui creusent et creusent, creusent et creusent jour et nuit vers la Des lignes allemandes ; de pauvres gars à moitié nus qui transportent des petits camions de terre jusqu'au puits de mine ou qui se couchent sur le ventre en train de travailler avec des pioches. Et c'est toujours une course épouvantable pour voir s'ils feront exploser les Allemands, ou si ce sera le cas. être l'inverse.

"Il y a encore de petits boulots, et il y en a chaque jour de nouveaux. Attention, je ne me plains pas, car beaucoup de ces gars-là travaillent plus dur que nous, et il nous faut quelqu'un pour nous nourrir et garder la maison propre. " Mais la difficulté est aujourd'hui de trouver un homme qui ait le temps de rester dans la tranchée et d'attendre que les Huns attaquent, et c'est ce que vous ne semblez pas réaliser. "

"Et qu'est-ce que tu fais?" » a demandé mon ami alors que l'autre s'arrêtait pour bâiller.

« Que dois-je faire ? De quoi penses-tu que j'ai parlé pendant tout ce temps ? dit l'homme en kaki. "Je suis celui qui reste dans la tranchée et attend que les Huns attaquent. C'est un travail très long et c'est aussi grâce à moi que j'ai un peu de sommeil."

Sur quoi il s'étendit sur le siège, posa sa tête sur son sac et entreprit d'exiger bruyamment le paiement de sa dette.

"Cela complique un peu les choses, n'est-ce pas ?" dit mon ami, lorsque la silhouette boueuse eut atteint sain et sauf le pays des rêves. "Si vous n'avez que 150 combattants dans une compagnie, votre division a une force de..." et il commença à compter sur ses doigts aussi fort qu'il le pouvait. Bientôt, il y renonça, désespéré, et une idée brillante parut lui venir.

"Ces généraux et camarades d'état-major", dit-il, "doivent avoir beaucoup d'intelligence après tout." Et nous sommes arrivés à la conclusion que nous ne les critiquerons plus, car ils doivent savoir aussi bien que nous, sinon mieux, comment gagner la guerre.

VIII

LE "NOEUD"

Nous étions assis autour du feu dans le club, discutant de cet individu connu familièrement sous le nom de « knut ».

"Le 'knut'", a déclaré Green, "est maintenant pratiquement éteint, il est tué par la guerre. Dès qu'il s'approche d'une tranchée, il laisse tomber son manteau d'affectation et devient un être humain raisonnable - à l'exception toujours des bien sûr, certains jeunes subalternes de l'état-major.

Rawlinson se pencha en avant sur sa chaise. "Je ne suis pas sûr", dit-il, "d'être d'accord avec vous. Tout dépend de la façon dont vous définissez un 'knut'."

"Un 'knut' est un type avec une voix traînante et des lunettes", a déclaré quelqu'un.

"Cela convient parfaitement à mon homme. Je connais une exception à votre règle. Je connais un 'knut' qui n'a pas disparu au front."

"Parlez-nous de lui", suggéra Jepson.

Rawlinson hésita et jeta un coup d'œil à chacun de nous tour à tour. « Ce n'est pas vraiment une histoire, dit-il longuement, mais cela m'a un peu ému sur le moment ; cela ne me dérange pas de vous la raconter si vous la trouvez suffisamment intéressante.

Nous avons rempli nos verres et nous sommes allongés sur nos chaises pour écouter le conte suivant :

"Quand j'étais à Trinity, j'avais des chambres juste au-dessus d'un type appelé Jimmy Wynter. Ce n'était pas du tout un de mes amis, car il avait beaucoup trop d'argent à dépenser - c'était un de ces jeunes et riches gaspilleurs. Il Je pouvais dépenser plus que mon allocation annuelle sur un cheval, et ne pas avoir l'air de m'en apercevoir du tout. Finalement, il fut envoyé pour une affaire pourrie, et j'étais plutôt heureux de le voir finir, comme la querelle depuis ses appartements. C'était épouvantable. Il avait toujours des lunettes et des vêtements merveilleusement coupés, et ses cheveux étaient brossés jusqu'à ce qu'ils soient aussi brillants qu'une boule de billard. Je l'ai déposé, comme tout le monde, comme un véritable pourri, et je l'ai tenu. il est présenté comme un exemple de notre aristocratie décadente.

« Quand je suis allé au front, notre bataillon régulier était au complet et j'ai été envoyé dans un régiment gallois à la place. Le premier homme que j'ai rencontré là-bas n'était autre que ce camarade Wynter, toujours avec ses lunettes et son air traînant. , on s'est assez habitué à lui, et il était toujours assez amusant - ce qui, bien sûr, est une bonne chose là-bas - de sorte qu'à la fin j'ai commencé à l'aimer d'une certaine manière.

"Tout cela semble pourri, mais cela aide à vous donner une idée de mon homme, et tout cela mène à mon histoire, telle qu'elle est.

"Nous sommes venus au spectacle de Loos l'année dernière. Après des mois et des mois de stagnation dans les tranchées, nous avons été soudainement appelés au quartier général et nous avons dit que nous devions lancer une attaque dans environ deux heures.

"Je ne sais pas si l'un d'entre vous est venu pour une charge à la baïonnette alors qu'il était au front. Franchement, je me sentais vraiment très déprimé, car ce n'est pas la même chose de quitter sa tranchée et de charger là-bas. c'est se précipiter sur un ennemi après être resté allongé dans un champ ouvert pendant une heure ou deux. La première heure et demie s'est bien passée, avec les bombes à fusion, l'organisation des signaux et tout ce genre de choses, mais la dernière moitié. -l'heure était le véritable diable.

"La plupart d'entre nous se sentaient un peu nerveux et la double ration de rhum était distribuée en deux shakes. Nous savions que nous ne devions pas nous inquiéter lorsque les sifflets sonnaient pour la charge, mais l'attente était plutôt éprouvante. Personnellement, j'ai bu plus de brandy pur que moi. Je l'ai déjà fait auparavant ou depuis, puis je me suis assis et j'ai essayé d'écrire une ou deux lettres. Mais cela n'a pas été un succès éclatant et j'ai rapidement quitté ma pirogue et me suis dirigé vers la Compagnie C.

"L'idée était que les compagnies A et C attaquent en premier, suivies par les compagnies B et D. Un bataillon des Westshires nous soutenait.

"L'abri des officiers de la compagnie C n'était pas un havre de repos mental. À une exception près, tout le monde était un peu nerveux, tout le monde essayait de ne pas le montrer et tout le monde échouait lamentablement. L'exception était Jimmy Wynter. Il était assis sur un une pile de sacs de sable dans un coin, sa lunette dans l'œil, regardant avec un plaisir évident un vieil exemplaire de *La Vie Parisienne* . Sa main était ferme comme un roc, et il n'avait pas eu une goutte de rhum ou de cognac à donner. lui courage hollandais Pendant que tout le monde se battait avec enthousiasme, Jimmy Wynter était assis là, étudiant les blagues de son journal, aussi calmement que s'il était assis ici dans ce vieux club. quelque chose chez cet homme après tout.

"Enfin, l'heure de notre poussée approchait, et nous attendions, accroupis sous le parapet, écoutant notre artillerie s'éloigner comme des flammes. Enfin, les sifflets retentirent, beaucoup de gars applaudirent, crièrent toutes sortes de choses idiotes, et un et les compagnies C étaient par-dessus le parapet en route vers les Huns.

"Je ne suis pas au courant de la description d'une charge, mais c'était vraiment merveilleux d'observer ces gars; leur vue m'a fait ressentir tout un vestige de funk, et les hommes avaient hâte que leur tour vienne. Juste avant de partir. , j'ai eu une vision claire de Jimmy Wynter, il était bien en avance sur son peloton, car il mesurait plus de six pieds et avait de longues jambes. Je pouvais voir ses lunettes se balancer au bout de son cordon noir, et dans sa main. Il portait une pioche. Les armes ordinaires comme les revolvers, les fusils et les baïonnettes n'avaient apparemment aucun attrait pour lui.

" Ce qui s'est passé ensuite, je n'ai pas eu le temps de le voir, car notre tour était venu de sauter par-dessus le parapet, et nous n'avions pas beaucoup de temps pour penser aux autres. Allan, son domestique, m'a raconté plus tard tout ce qui s'était passé, car il était le prochain Ils atteignirent les tranchées des Huns et perdirent beaucoup d'hommes sur les barbelés, sur la gauche, l'ennemi avait caché une foule de mitrailleuses dans l'un des terrils, et ils firent d'horribles ravages parmi nos gars. Selon Allan, Jimmy a choisi un endroit où les câbles étaient presque tous partis, a fait un énorme bond par-dessus les quelques brins restants et a été le premier de la Compagnie C à pénétrer dans la tranchée.

" D'une manière ou d'une autre, il n'a pas été touché, je parie qu'Allan y est pour quelque chose, car il aimait son maître. Avec sa pioche, il a fracassé le crâne du premier Boche qui montrait des signes de combat et, perdant prise, Son arme, il saisit le fusil de l'homme alors qu'il tombait. Pas étonnant que les pauvres fléaux se soient enfuis, car Jimmy Wynter devait ressembler à Belzébuth lorsqu'il chargeait sur eux. Son chapeau avait disparu et ses cheveux dépassaient de sa tête comme ceux d'un homme moderne. Struwwelpeter, le fusil balancé au-dessus de sa tête, fit autant pour dégager la tranchée que le reste du peloton réuni.

"Quand nous sommes arrivés sur les lieux, les quelques survivants des compagnies A et C étaient en bonne voie vers la deuxième ligne de tranchées. Ici encore, Jimmy Wynter s'est comporté comme un démon avec son fusil et sa baïonnette, et en cinq minutes nous étions en pleine possession de deux lignes de tranchées le long d'un front de deux cents mètres. Je ne mentionne même pas le nombre d'Allemands dont Allan jura que son maître s'était débarrassé, mais le nom de Wynter restera longtemps un mot d'ordre dans le régiment. Le plus drôle, c'est que jusqu'à ce moment-là, il n'avait pas eu une seule égratignure. Cependant, le destin peut négliger un homme pendant une courte période, mais on se souvient généralement de lui à la fin. Il en a été de même pour le pauvre vieux Jimmy. .

"Il menait un groupe dans une tranchée communicante, bombardant les Huns cour après cour, lorsqu'une grenade à main atterrit presque à ses pieds. Il sauta en avant, dans l'espoir d'avoir le temps de la jeter avant qu'elle n'explose, mais il était trop bien fusionné. Au moment où il le ramassait, cette foutue chose a explosé et Jimmy Wynter s'est froissé comme un morceau de papier.

"J'arrivais le long de la tranchée quelques minutes plus tard, voyant que notre position était rendue aussi sûre que possible avant la contre-attaque, lorsque je l'ai trouvé. Il gisait dans l'une des rares abris qui n'avaient pas été détruits. frappé, et Allan et un autre homme faisaient ce qu'ils pouvaient pour lui.

"On voyait qu'il était presque fini, mais après quelques secondes, il a ouvert les yeux et m'a reconnu.

"'Bonjour, Rawlinson,' murmura-t-il; 'un foutu imbécile m'a frappé. Ça fait mal comme le diable.'

« J'ai marmonné quelques banales paroles de réconfort et j'ai continué à l'attacher, même si Dieu sait que c'était une tâche plutôt désespérée. Je n'avais même pas de morphine à lui donner pour améliorer les choses.

« Soudain, il a levé le bras et a cherché quelque chose à tâtons.

"'Que veux-tu?' J'ai demandé.

"'Où diable sont mes lunettes ?' Et la voix traînante semblait horriblement coincée dans sa gorge.

"Je lui ai mis le bord des lunettes dans la main ; le verre lui-même avait disparu.

"'Il faut que je porte cette foutue chose', murmura-t-il, et il essaya de la porter à son visage, mais sa main s'arrêta brusquement à mi-chemin et tomba, et il mourut."

Il y eut un silence dans la salle du club pendant environ une minute, et le tic-tac de l'horloge était d'une intensité oppressante. Puis Jepson leva son verre.

"Messieurs", dit-il. "Voici le 'Knut'", et nous avons gravement bu au toast.

IX

ACHATS

Alors que le capitaine s'asseyait pour le petit-déjeuner, il se tourna pour me parler : "Je propose..." commença-t-il, mais Lawson l'interrompit. "Oh, John chéri," dit-il, "c'est si soudain."

Le capitaine ne prêta aucune attention à l'interruption. "... que toi et moi allons faire du shopping cet après-midi."

"Jane", ai-je appelé à une femme de chambre imaginaire, "s'il te plaît, dis à Parkes de ramener la voiture à onze heures ; nous allons faire du shopping à Bond Street et déjeuner au Ritz."

"Vous semblez tous vous trouver diablement drôles ce matin", grogna le Capitaine en écartant un morceau de bacon froid du bout de son couteau. "L'air pur des cantonnements semble vous être monté à la tête, alors je pense qu'un défilé vous conviendrait cet après-midi."

Nous avons dégrisé face à la menace. "Non, sérieusement," dis-je, "j'adorerais y aller si je peux trouver quelque chose à monter."

"Vous pouvez avoir le cheval de bât de la Compagnie. Je commanderai les deux bêtes pour deux heures."

Maintenant, le cheval du capitaine a bien plus de mains que n'importe quel cheval vraiment respectable, et le capitaine mesure bien plus de six pieds dans ses chaussettes ; Moi, par contre, je mesure moins d'un mètre cinquante que six, et le poney de bât n'est pas trop gros pour moi. Encore une fois, le capitaine est maigre et moi gros, de sorte que même la sentinelle pouvait à peine réprimer son sourire tandis que nous partions en quête : un Don Quichotte moderne et un Sancho Panza avec un trou dans le dos de sa tunique.

Mais nous n'avions que peu de temps pour penser à nos apparitions personnelles, car notre route passait par le Mont Noir, et il y a peu d'endroits d'où l'on peut avoir une vue plus belle, car on peut suivre tout de suite la ligne de tir vers la mer, et vos jumelles vous montreront la fumée qui s'élève des paquebots au large de Dunkerque. Nous nous sommes arrêtés un instant et avons contemplé les kilomètres plats où Poperinghe, Dixmude et les lointains Furnes reposaient endormis et paisibles, mais, alors même que nous regardions, un « lourd » éclata à Ypres et une longue colonne de fumée s'élevait langoureusement du centre. de la ville.

"Nous ne ferons plus beaucoup de courses dans ce vieux lieu", dit le capitaine en détournant son cheval de la route et en se dirigeant à travers la campagne vers Bailleul.

Le capitaine a chassé avec presque toutes les meutes de chiens d'Angleterre, alors que moi, je n'ai chassé sans aucune, de sorte que j'avais chaud, soif et une douleur inhabituelle lorsque nous sommes entrés dans la ville. Laissant le Capitaine voir les chevaux au box à l'Hôtel du Faucon, je m'éclipsai pour prendre un verre.

"Tiens," dit le capitaine en me retrouvant, "ne recommence pas ce jeu ou tu devras participer au défilé matinal demain. De plus, tu es censé être l'interprète de la compagnie, et tu ' Je n'ai pas le droit de me laisser à la merci de deux palefreniers aussi sauvages. Je vous conseille de faire attention, jeune homme.

Mes qualifications pour le poste d'interprète d'entreprise résident dans le fait que j'ai passé une fois, en compagnie de divers autres jeunes de mon âge, une quinzaine de jours au Casino de Trouville et dans ses environs. Peters, de notre société, connaît une longue liste de noms prenant « x » au lieu de « s » au pluriel, mais mes connaissances sont considérées comme plus pratiques – plus françaises.

Et maintenant vient une confession. Conserver une réputation demande beaucoup de soins, et pour conserver ma position d'interprète de la compagnie et surpasser mon rival Peters, j'avais toujours avec moi un petit dictionnaire de poche - si quelqu'un l'a jamais remarqué, il l'a probablement pris pour une Bible de service - en dont je cherchais les mots lorsque l'occasion s'en présentait. J'avais soigneusement mémorisé les équivalents français de tous les articles de notre liste de courses - un pot de miel, une bouteille de Bénédictine, une paire de vêtements inavouables pour Lawson et une brosse à dents - de sorte que j'ai traversé la place principale avec un air fier et conscience tranquille.

La fierté, nous dit-on, précède la chute. Nous avions réussi à nous frayer un chemin à travers la foule d'officiers et de garçons de mess qui pullulent à Bailleul, nous avions terminé nos achats, nous nous rafraîchissions dans un petit salon de thé, lorsque le capitaine se frappa soudain la cuisse.

"Par Jupiter," dit-il, "j'ai promis d'acheter une nouvelle casserole pour le cuisinier de la Compagnie. Bon travail, je m'en souviens."

Qu'est-ce que les Français faisaient pour une casserole ? Je n'avais pas l'occasion de chercher dans mon dictionnaire, car cela me paraîtrait trop suspect si je consultais ma Bible militaire pendant le thé.

— Je ne crois pas que nous aurons le temps de chercher une quincaillerie, dis-je.

« Espèce d'idiot, dit le capitaine, il y en a un juste de l'autre côté de la route. D'ailleurs, en règle générale, nous ne dînons pas avant huit heures.

Le destin jouait contre moi. J'ai fait un effort supplémentaire pour sauver ma réputation. "Nous aurions l'air si drôle, monsieur, en traversant Bailleul avec une grande casserole. Nous pourrions envoyer le cuisinier de la Compagnie en acheter une demain."

Je restai quelques instants en suspens pendant que le Capitaine choisissait un autre gâteau. Il leva soudain les yeux. « Nous allons le ramener à la maison, dit-il, mais je crois que le fait est que vous ne savez pas quoi demander.

"Nous irons chercher cette bestiole immédiatement après le thé", dis-je avec raideur, car il est toujours offensant de douter de ses capacités, d'autant plus lorsque ces doutes sont fondés sur des faits. D'ailleurs, je savais que le capitaine adorerait me voir perdu, car le français est son sujet de sensibilité depuis le jour où, souffrant d'un mal de gorge, il entreprit d'acheter lui-même un remède. Le pharmacien, se méprenant sur son français et ses gestes, l'avait poliment conduit jusqu'à la porte et lui avait montré un marchand de vêtements en face, regrettant alors qu'en France les pharmaciens ne vendent pas de colliers.

Lorsque nous sommes entrés dans la quincaillerie, je n'ai rien vu en forme de casserole que je pouvais montrer à l'homme, alors j'ai tiré dans le noir. «Je désire», dis-je, «une soucoupe».

« Parfaitement, m'sieu », dit le commerçant, et il sortit une foule de soucoupes de toutes sortes : soucoupes en étain, soucoupes en porcelaine, soucoupes grandes et petites.

"Au nom de tout ce qui est merveilleux, pourquoi obtenez-vous ces choses ?" » demanda le capitaine avec irritation. "Nous voulons une casserole."

J'ai feint d'être surpris par mon insouciance et je me suis tourné de nouveau vers le commerçant. "Non, je désire quelque chose pour faire bouillir les œufs."

Le pauvre homme se gratta la tête un instant, puis une idée lui vint soudain. "Ah, une cocotte ?" » il a interrogé.

J'acquiesçai de la tête pour l'encourager et, à mon immense soulagement, il sortit une énorme casserole de dessous le comptoir, de sorte que nous sortîmes de Bailleul au trot avec nos sacoches pleines et la casserole pendait à un morceau de ficelle autour du cou du capitaine.

Les malheurs n'arrivent jamais seuls. Nous n'étions pas à plus de cent mètres de la ville lorsque le capitaine me remit la casserole. « Vous pourriez le prendre, dit-il, pendant que je raccourcis mes étriers.

Le cheval de bât s'habitue à une énorme variété de charges, mais apparemment la casserole était pour lui une nouveauté désagréable. Il se mit à trotter, et cet ustensile claqua bruyamment contre la bouteille de liqueur qui dépassait de ma sacoche. Plus la casserole claquait, plus le cheval allait vite et plus mon siège devenait précaire. En quelques secondes, je traversais la campagne au galop furieux.

Si je lâchais la casserole, elle vibrait violemment et poussait le cheval de bât à aller encore plus vite ; si je m'accrochais à la casserole, je ne pourrais pas relever mon cheval et j'avais peu de chances de rester sur le dos, car je suis un cavalier peu habile.

Soudain, j'ai vu une porte qui me barrait le chemin. J'ai lâché la casserole et quelque chose s'est fissuré dans ma sacoche. J'ai saisi les rênes et j'ai tiré la gueule du cheval. Puis, juste au moment où je me demandais comment on pouvait se coincer sur le dos d'un cheval lorsqu'il essayait de sauter, quelqu'un est arrivé de l'autre côté et a ouvert la porte.

Mais ce n'est que lorsque j'ai franchi le portail que j'ai vu ce qui m'attendait. Juste avant moi se trouvait un major à la tête d'un escadron de cavalerie. La seconde suivante, j'étais parmi eux.

Un aperçu fugitif du cheval du major piaffant l'air avec ses pattes antérieures, une dispersion de cent cinquante hommes devant moi, et je les avais tous dépassés et galopais sur la pente raide de la colline.

Quand enfin le capitaine m'a rejoint, j'étais debout au sommet du Mont Noir, essuyant Bénédictine de mes culottes et de mes puttes. J'ai fait une tentative de plaisanterie. "Je devrai parler à Parkes de ce moteur", dis-je. "Les commandes ne fonctionnent pas correctement et elle accélère beaucoup trop vite."

Mais le capitaine vit les ruines de la bouteille de liqueur posée au bord de la route et n'était pas d'humeur à s'amuser. Nous avons donc descendu la colline en silence, tandis que les flammes d'Ypres brillaient et vacillaient au loin.

Mais tout à coup, le capitaine éclata de rire.

"Ça valait le coup," haletait-il en roulant sur sa selle, "de voir les pauvres ravageurs se disperser. Seigneur ! mais c'était agréable d'entendre cette malédiction du Major."

X

LE MENTEUR

Pendant une heure et demie, nous avons été écrasés, bombardés et bombardés de mortier comme jamais auparavant, mais ce n'est que lorsque les bombardements se sont ralentis que l'on a pu réellement constater les dégâts causés. Les explosions soudaines de sifflements, les gémissements croissants et les éclats effrayants de miettes, et, pire que tout, les bombes noires de mortier de tranchée qui tombaient du ciel en se déversant et en se tordant, maintenaient les nerfs à un niveau qui ne permettait aucune clarté. vision de la tranchée détruite et des blessés.

Cependant, à mesure que les intervalles entre les explosions s'allongeaient de plus en plus, les hommes se ressaisirent progressivement et commencèrent à regarder autour d'eux. Les dégâts étaient épouvantables. Là où se trouvait l'abri téléphonique, il y avait maintenant un énorme trou : un obus de mortier y avait atterri et avait projeté l'intendant du téléphone presque sur le fil allemand, à cinquante mètres de là ; de grandes brèches, sur lesquelles jouaient par intervalles les mitrailleuses allemandes, étaient pratiquées tout le long de notre parapet ; les blessés étaient triés au mieux : les morts devaient être transportés dans une ancienne tranchée de soutien, et y attendre l'inhumation, les blessés étaient précipités vers le poste de secours surpeuplé aussi vite que les porteurs pouvaient retirer les civières ; les indemnes – à peine la moitié de la compagnie – étaient, pour la plupart, toujours levés vers le ciel dans l'attente de cette bombe noire tordue, bien trop familière, qui a un pouvoir dévastateur si terrible. Peu à peu, le calme revint et les hommes se remirent à leurs occupations interrompues : leur sommeil à arracher, leur travail à terminer avant que ne commence la longue nuit avec ses surveillances monotones et ses fouilles.

Avec le sergent-major, je descendis dans la tranchée pour discuter des réparations, car il y avait beaucoup à faire dès la tombée de la nuit. Puis, le laissant dresser la liste complète des victimes, je retournai à ma pirogue pour partager les rations de rhum avec Bennett, le seul subalterne resté dans la compagnie.

"Où est le rhum ?" J'ai demandé. "Etre bombardé donne soif."

Il me tendit une tasse au fond de laquelle on voyait un tout petit peu de rhum. "Je l'ai divisé du mieux que j'ai pu", s'est-il excusé.

"Si vous pensiez à vous à ce moment-là, c'est certainement le cas", répondis-je en me préparant au combat, car rien ne vous remet les nerfs aussi vite qu'une "ferraille".

Nous fûmes cependant interrompus dans les préliminaires par le sergent-major, qui apportait avec lui une poignée de lettres et de bulletins de paie, effets des pauvres gens qui gisaient maintenant sous des draps imperméables dans la tranchée de soutien.

« Total a tué quarante et un, monsieur, et je crains que le sergent Wall ne soit pas arrivé à temps au poste de secours. C'est une mauvaise journée pour nous aujourd'hui. Oh, et au fait, monsieur, ce type Spiller vient d'être retrouvé mort au fond de la tranchée communicante.

"Quelle fin, sergent-major ?" J'ai demandé.

"L'extrémité opposée, monsieur. Il a quitté la tranchée sans autorisation. Il a dit à Jones, qui était à côté de lui, qu'il n'allait plus subir de fichus bombardements, et il semble s'être enfui immédiatement après."

Bennett siffla. "Est-ce que c'est le ravageur que le pauvre vieux Hayes a dû menacer avec son revolver la veille de notre gazage ?"

Le sergent-major hocha la tête.

"C'est exactement le genre de chose qu'il ferait", a déclaré Bennett, dont la main était encore instable à cause de la tension d'il y a une heure, "se coucher quand frère Boche nous donne un peu de miettes pour nous amuser."

Je me tournai vers le sergent-major. "Laissez-moi récupérer les effets de ces gars-là", dis-je. "En ce qui concerne Spiller, je ne pense pas qu'il ait vraiment pu se cacher. Quoi qu'il en soit, laissez les autres gars penser que je l'ai envoyé au quartier général et qu'il a été heurté en chemin. Je suppose qu'il descendait avec une civière. " Mais, dans mon cœur, je savais mieux. Je connaissais Spiller pour un lâche.

Ce n'est pas à moi de juger un tel homme. Dieu sait que ce n'est la faute de personne s'il est fait de telle sorte que ses nerfs puissent lui faire défaut à un moment critique. En outre, bien des hommes capables d'un héroïsme qui leur aurait valu la Croix de Victoria échouent lorsqu'ils sont appelés à supporter plus de quelques semaines de guerre de tranchées, car quelques minutes d'héroïsme sont très différentes de mois de tension sans soulagement. Cependant, Spiller et ses semblables ont laissé tomber un régiment, et on est obligé de les mépriser pour cela.

L'idée de notre « ferraille » nous avait complètement quittés, car Bennett et moi avions devant nous l'une des tâches les plus désagréables qu'un officier puisse avoir. La nouvelle doit être annoncée par quelqu'un lorsqu'une femme devient soudainement veuve, et cette tâche est généralement assumée par le commandant du peloton du mort, qui renvoie chez lui ses lettres et ses papiers. De nombreux hommes sont morts cet après-midi-là, et les lettres de condoléances et les mauvaises nouvelles sont toujours difficiles à écrire, de sorte qu'il y a eu un silence dans notre abri pendant les deux heures suivantes.

Le dernier livret de paie que j'ai examiné appartenait au soldat E. Spiller. Ses autres affaires étaient rares : quelques pièces de monnaie, un crayon bien mâché et deux lettres. J'ai regardé ce dernier pour savoir à qui je devais écrire ; l'un était de sa propre main et inachevé, l'autre provenait d'une fille avec qui il "se promenait", apparemment sa seule amie au monde, car elle seule était mentionnée dans le petit testament écrit à la fin de son livret de paie. . Mais son amour suffisait. Sa lettre était mal orthographiée et mal écrite, mais elle exprimait plus d'amour qu'il n'en est donné à la plupart des hommes.

"Prends soin de toi, Erny chéri, pour mon bien", a-t-elle écrit. "Je suis si fier que tu te débrouilles si bien dans ces horribles tranchées.... Cher Erny, tu ne peux pas imaginer à quel point je suis heureux que tu sois si courageux, mais sois vite et reviens-moi ce qui t'aime tant. ...."

Tellement courageux ! J'ai essayé de rire de l'ironie inconsciente de tout cela, mais mon rire ne venait pas, car quelque chose dans ma gorge le retenait — j'étais peut-être un peu dépassé par les récents bombardements.

Je me tournai vers l'autre lettre, que j'ai cru devoir transcrire intégralement :

" Très chère Liz ,

"J'espère que cela vous trouvera car cela me laisse actuellement dans le rose. Chère Liz, je vais très bien et je vais vous dire un secret : je vais être recommandé pour le VC parce que j'ai si bien réussi dans les tranchées. je ne me sens pas un peu frit, ce qui est agréable, et, chère Liz, j'espère devenir Lance Corpril bientôt car mon officier l'est tellement..."

Et c'est là que ça s'est terminé, cette lettre d'un menteur. Je l'ai mis en équilibre sur mon genou et je me suis demandé quoi en faire. Dois-je le déchirer et écrire à la jeune fille pour lui dire la vérité : que son amant était un menteur et un lâche ? Dois-je déchirer sa lettre et simplement annoncer sa mort ? J'ai hésité quelques minutes, puis j'ai mis sa lettre à moitié terminée dans une enveloppe et j'ai ajouté un mot pour le lui dire.

"Il est mort comme un soldat", ai-je terminé. "Sa lettre vous dira mieux que n'importe lequel de mes mots à quel point il était totalement sans crainte."

Et j'aimerais qu'aucun autre mensonge ne pèse plus lourd sur ma conscience que celui que je lui ai dit.

XI

LA VILLE DE LA TRAGÉDIE

Qu'importe que la Halle aux Draps et la Cathédrale soient en ruines, que les maisons et les églises ne soient que décombres dans les rues ? Qu'importe si de gros obus ont déchiré des trous béants dans la Grande Place, et si la gare est une épave cabossée dont les rails sont pliés et tordus comme des bouts de fil ? Nous ne pleurons pas Ypres, car sa chute est mille fois plus grande qu'elle ne l'a jamais été au temps de sa splendeur.

Dans la ville, les maisons ne sont que des tas de pierres, les rues ne sont que des étendues de désolation, l'ensemble de la ville est un immense monument à la mémoire de ceux qui ont souffert, simplement et grandiosement, pour une grande cause. Autour de la ville courent les remparts verts où, il y a quelques années, les citadins se promenaient le soir, où les flamandes blondes regardaient timidement et en secret les hommes. Les remparts sont maintenant déchirés, les peupliers sont brisés, les douves sont sales et souillées, et face à la vaste plaine se trouvent des rangées de petites croix qui marquent les lieux de repos des morts.

Car c'est là que réside ta gloire, Ypres. Pour te capturer, des milliers d'envahisseurs allemands sont tombés ; pour ta défense, sont morts des Belges, des Français et des Anglais, des Canadiens, des Indiens et des Algériens. À trois milles de là, sur la colline 60, se trouvent les corps de centaines d'hommes qui ont combattu pour toi : le Cockney enterré près du Scotchman, le Prussien gisant à moins d'un mètre du Prussien tombé là un an auparavant, et le long de la Coupe se trouvent Des baïonnettes et des fusils français, et parfois une lettre inachevée d'un *poilu* mort depuis longtemps à son amant dans les plaines ensoleillées du Midi ou dans les vergers de Normandie.

Et tous ces hommes sont morts pour te sauver, Ypres. Pourquoi donc devrions-nous pleurer ta ruine ? Même ta grande sœur, Verdun, ne peut pas se vanter d'un palmarès aussi fier que le tien.

Mais quelle terrible tragédie dans tout cela ! Que la célèbre vieille ville, tranquillement endormie dans sa plaine, soit brisée et ruinée ; que tant d'espoirs et d'ambitions peuvent être anéantis en si peu d'heures ; que de jeunes corps peuvent être écrasés, en une fraction de seconde, en masses de pulpe sans vie et saignantes ! La glorieuse tragédie d'Ypres ne sera jamais écrite, car tant de ceux qui auraient pu parler sont morts, et tant de ceux qui vivent ne parleront jamais - vous ne pouvez deviner leurs histoires qu'à la douleur sourde de leurs yeux et des lèvres qu'ils ferment. fermement pour arrêter les sanglots.

Mon Dieu, comme ils ont souffert, ces Belges ! Jour après jour, pendant plus d'un an, les habitants d'Ypres ont vécu dans l'enfer de la guerre ; jour après jour, ils s'accroupissaient dans leurs caves et se demandaient si ce serait leur petite maison qui serait détruite par le prochain obus. Combien ont vécu des mois dans de petits sous-sols exigus, ou entassés dans la seule pièce qui restait de leur maison, n'importe quoi, même la mort, plutôt que de quitter l'endroit où ils sont nés et où ils ont passé toutes leurs années tranquilles et heureuses.

Je connaissais une femme qui habitait avec sa petite fille près de la porte de Menin, et un jour, alors que la chaumière voisine de la sienne avait été détruite, j'ai essayé de la persuader de partir. Elle secoua longuement la tête, puis elle m'emmena me montrer sa chambre, une petite chambre si pauvre, avec un crucifix suspendu au-dessus du lit et un rosier crasseux qui poussait devant la fenêtre. "C'est ici que mon mari est mort, il y a cinq ans", raconte-t-elle. "Il n'aimerait pas que je parte et laisse la maison à des étrangers."

"Mais pense au petit", ai-je supplié. "Ce n'est qu'une fillette de cinq ans et vous ne pouvez pas mettre sa vie en danger de cette façon."

Elle resta longtemps silencieuse et une larme coula sur sa joue alors qu'elle essayait de se décider. « J'irai, monsieur, dit-elle enfin, pour le bien de la petite.

Et cette nuit-là, elle partit vers l'inconnu, craignant de se retourner vers sa petite maison de peur que son courage ne l'abandonne. Elle était vêtue de ses plus beaux vêtements – car pourquoi laisser quelque chose de valeur aux Allemands, s'ils venaient un jour ? – et elle faisait rouler ses quelques trésors ménagers devant elle dans la poussette, tandis que sa petite fille courait à ses côtés.

Mais le lendemain matin, je la vis revenir dans la rue jusqu'à sa maison. Cette fois, elle était seule et elle traînait toujours la poussette devant elle.

Je suis sorti et j'ai frappé à sa porte. "Alors tu es revenu", dis-je. "Et où as-tu laissé le petit ?"

Elle m'a regardé d'un air morne pendant une minute et une grande peur m'a saisi, car j'ai vu que ses plus beaux vêtements étaient déchirés et tachés de poussière.

"C'était près du grand hôpital, sur la route de Poperinghe", dit-elle d'une voix horriblement calme. "La petite s'était attardée pour ramasser quelques morceaux de verre coloré au bord de la route quand l'obus est arrivé. C'était un gros obus... et je n'ai rien trouvé d'autre que ça", et elle lui a montré une partie d'une petite robe déchirée. , sanglant et terrible.

J'essayai de prononcer quelques mots de réconfort, mais mon horreur était trop grande.

« C'est la volonté de Dieu », dit-elle en commençant à déballer les trésors dans le landau, mais, alors que je fermais la porte, je l'entendis éclater en larmes dans les larmes les plus horribles que j'aie jamais connues.

Et, de jour en jour, à mesure que la guerre continue, la tragédie d'Ypres s'aggrave. Chaque obus détruit un peu plus ce qui était autrefois une maison, chaque fracas et chute de briques apporte un peu plus de douleur à un cœur brisé. Les ruines d'Ypres sont glorieuses et nobles, et nous sommes fiers de les défendre, mais les habitants tranquilles et simples d'Ypres ne trouvent même pas une brique sur une autre de leurs maisons.

Quelque part en Angleterre, me dit-on, se trouve une petite vieille dame qui fut autrefois une grande figure de la société bruxelloise. Elle a bientôt quatre-vingts ans et est seule, mais elle s'accroche avec ténacité à la vie jusqu'au jour où elle pourra regagner son château d'Ypres, où elle vit depuis quarante ans. On peut l'imaginer faible, desséchée et petite, les yeux brillants de la détermination de vivre jusqu'à ce qu'elle ait revu sa maison.

Moi qui ai vu son Château, je prie pour que la mort vienne fermer ces yeux brillants, afin qu'ils ne voient jamais la destruction de sa maison, car c'est un spectacle désolé, même si le ciel était bleu et les feuilles luisaient dans le ciel. le soleil le matin où, il y a deux ans, j'arpentais l'allée sinueuse.

Le pavillon n'était rien d'autre qu'un tas de briques brisées, mais, par un étrange hasard, le château lui-même n'avait jamais subi de coup direct. Devant la grande maison blanche, il y avait autrefois un court de tennis asphalté ; il y avait maintenant une plaine creusée tous les quelques mètres par d'énormes trous d'obus. Le pavillon d'été situé à l'orée du bois, autrefois le théâtre de charmants petits flirts entre deux parties de tennis, n'était plus qu'une étrange épave, composée de trois murs chancelants et d'un siège cassé. Le plus étrange, c'est qu'à côté des marches de marbre blanc gisait une vieille automobile De Dion sans pneus.

Je me suis souvent demandé quelle pouvait être l'histoire de cette chose battue. On voit presque la propriétaire s'y emballer avec ses biens les plus précieux, pour fuir l'arrivée des Allemands. Le moteur refuse de démarrer, il n'y a pas de temps pour les réparations, c'est la fuite précipitée à pied et la voiture est laissée à la merci des troupes d'invasion. Peut-être encore appartenait-il à l'état-major d'une armée quelconque et avait-il été laissé au Château après avoir parcouru son dernier kilomètre possible. Quoi qu'il en soit, il se trouvait là, à mi-chemin entre Ypres et les Allemands, et tout ce qui avait une valeur possible avait été dépouillé aussi complètement que s'il avait été abandonné aux fourmis blanches.

A côté du court de tennis, là où se trouvaient autrefois des parterres de fleurs, il y avait maintenant une rangée de petites croix en bois brut, et çà et là les narcisses et les jonquilles avaient poussé. Quel étrange petit cimetière ! Ici une casquette kaki et un bouquet de fleurs mortes, là une croix érigée à "Un héros britannique inconnu, trouvé près de Verbrandenmolen et enterré ici le 3 mars 1915", là une caisse d'obus vide en équilibre sous un angle comique sur une tombe, et partout entre les monticules ondulait les fleurs dans la brise fraîche du matin, tandis qu'au loin se dressait la tour de la Halle aux Draps d'Ypres, comme un bras gigantesque pointant un doigt vers le ciel.

Le Château lui-même, je l'ai dit, n'a jamais été touché directement ; mais pensez-vous que la main de la guerre l'ait dépassé et que la petite vieille y trouverait quelque chose de chez elle ?

Toutes les fenêtres du rez-de-chaussée avaient été obstruées par des sacs de sable, et celles de l'étage étaient vides. Dans une pièce qui était autrefois une cuisine et qui était maintenant étiquetée à la craie « Mess des Officiers » se trouvaient un vieux châlit, deux matelas, une table en bois et trois chaises branlantes ; mais pour cela, et pour un piano dans la salle à manger à l'étage, la maison était absolument dépourvue de meubles. Même le piano, qui a dû faire vibrer les airs d'au moins trois nations depuis le début de la guerre, avait sacrifié sa housse pour acheter du bois de chauffage.

Les pièces où autrefois les dames se poudraient et se parfumaient pour attirer les hommes inconstants étaient désormais nues et vides, et dégageaient une odeur âcre de chlorure de chaux. Dans la salle à manger, où circulaient de bons vieux vins, se trouvaient une centaine d'hommes fatigués et sales. Dans la cuisine, où la grosse *cuisinière* avait préparé ses dîners, se trouvaient désormais une douzaine d'officiers, les uns endormis par terre, les autres accroupis autour de la table et jouant à « vingt et un ».

Car c'est la guerre.

Il y a encore un souvenir d'Ypres, très différent, qui me revient. C'est le souvenir de notre dîner régimentaire.

La première chose que j'en entendis me vint par le domestique de Lytton.

« S'il vous plaît, monsieur, dit-il un matin, M. Lytton vous envoie ses compliments, et pouvez-vous lui dire où se trouve l'hôtel Delepiroyle ?

"L'Hôtel de quoi ?"

"L'hôtel Delepiroyle, monsieur. C'est ce que j'ai dit."

"Demandez à M. Lytton de l'écrire… non, attendez une minute. Dites-lui que je viens le voir à ce sujet." Alors je me suis dirigé vers l'autre côté de la caserne d'infanterie pour le trouver.

"Quoi, tu n'en as pas entendu parler ?" » demanda Lytton. "Le nouveau commandant, le major Eadie, donne ce soir un dîner à tous les officiers du régiment en guise d'adieu au major Barton avant qu'il ne parte prendre le commandement de sa nouvelle troupe. C'est à l'Hôtel de l'Epée Royale, où que ce soit. Allons le retrouver.

Nous déambulâmes donc dans la rue de Lille, encore relativement épargnée des ravages de la guerre, car les magasins étaient ouverts et les habitants bavardaient et bavardaient à la porte de leurs maisons. Ici et là, des décombres jonchaient le trottoir, et ce qui était autrefois une maison n'était plus qu'un tas amorphe de briques et de poutres. Juste à côté de l'église se trouvait un restaurant en ruine et une foule de petits enfants jouaient à cache-cache derrière les restes de ses murs.

En descendant la rue, nous avons croisé Reynolds, qui n'avait rejoint le régiment que la nuit précédente, tandis que nous, qui étions au front depuis près de trois semaines, nous sentions comparés à lui comme des vétérans vaincus par la guerre. Il se tenait debout sur le trottoir, regardant avec excitation un avion autour duquel jaillissaient de petites bouffées de fumée blanche.

"Venez avec nous", dit Lytton. "Vous en aurez marre de voir des avions bombardés quand vous serez ici aussi longtemps que nous. Venez découvrir le lieu de l'orgie de ce soir."

Sur la Grande Place, à côté de la Halle aux Draps, nous avons découvert l'Hôtel de l'Epée Royale. Un "Jack Johnson" avait fait un énorme trou dans le trottoir juste en face, et un grand coin du bâtiment avait disparu.

"Par Jupiter", dit Reynolds d'une voix impressionnée. "Quel trou ! Il a fallu un obus pour faire ça."

Lytton sourit avec condescendance. "Mon cher," dit-il, "ce n'est rien du tout. Ce n'est guère plus grand que le trou que fait une balle épuisée. Entrons à l'intérieur et déjeunons pour voir de quel genre d'endroit il s'agit."

Mais Reynolds et moi étions fermes. "Pourrir!" nous l'avons dit. "Rentrons vite à la maison. Sinon nous ne serons pas bons pour ce soir ; nous avons notre devoir à faire pour le dîner."

Nous sommes donc retournés au mess de la compagnie, dans la caserne d'infanterie, devant une maison qui avait été détruite le matin même. Un homme et une femme chassaient dans les ruines, et une autre femme, très vieille, les yeux gonflés par les pleurs, était assise sur ce qui restait du mur de sa maison, un cadre photo brisé à la main.

Il y a bien des gens qui ont donné leur vie depuis ce petit dîner à l'Hôtel de l'Épée Royale ; celui qui l'a donné est mort de ses blessures six semaines plus tard, commandant aussi vaillant qu'on peut souhaiter. Si le dîner devait avoir lieu à nouveau, il y aurait de nombreux espaces autour de la table, et même le bâtiment aurait dû être réduit en poussière depuis longtemps.

Si cela devait rencontrer les yeux de l'un d'entre vous qui était là, laissez votre esprit revenir un instant et souriez à vos souvenirs. Vous souvenez-vous de la façon dont nous avons dosé le verre de Wilson pour qu'il nous quitte avant que les bonbons ne soient sur la table ? Vous souvenez-vous comment nous l'avons retrouvé plus tard assis dans l'escalier, le pauvre garçon, serrant la tête dans un vain effort pour empêcher le monde de tourner ? Vous souvenez-vous des toasts que nous avons portés et des projets que nous avons élaborés pour cette période obscure, « l'après-guerre » ? J'avoue que j'ai complètement oublié tout ce que nous avons mangé : au-delà du whisky, j'oublie même ce que nous avons bu ; mais je sais que le petit dîner le plus délicat de Londres n'aurait pas pu nous plaire autant. Et puis, quand tout fut fini et que nous nous séparâmes pour rentrer nous coucher, vous rappelez-vous comment le jeune Carter se tenait au milieu de la Grande Place et chantait des rhapsodies sur la lune - même si, pour le reste d'entre nous, cela semblait beaucoup comme n'importe quelle autre lune – jusqu'à ce que nous l'ayons récupéré et ramené de force chez nous ?

Ça fait du bien de regarder en arrière parfois. Vous trouverez peut-être cela triste parce que tant de personnes qui étaient nos compagnons à l'époque sont parties. Mais c'est ainsi qu'on fait la guerre ; ils doivent mourir tôt ou tard, et ils n'auraient pas pu choisir de meilleures tombes. S'il faut mourir, pourquoi ne pas mourir en combattant pour l'Angleterre et Ypres ?

Il y a une rue à Ypres que je connaissais en temps de paix. Elle serpentait entre les maisons blanches et raides, et les petits enfants flamands la faisaient écho à leurs cris et à leurs rires, jusqu'à ce qu'on entende à peine le grondement et le cliquetis des charrettes sur les pavés de la rue principale, à proximité. . Et j'ai suivi le même chemin sinueux lors de la deuxième bataille d'Ypres. Les maisons brisées étendaient vers le ciel les bords déchiquetés de la maçonnerie, la route était arrachée et les pavés s'entassaient grotesquement les uns contre les autres. A l'extérieur du couvent, où il me semblait percevoir le faible écho des rires des enfants, gisait une branche brisée : le cheval était sur le dos, les jambes dressées avec raideur ; et, touchant juste la croix de pierre brisée tombée du dessus de la porte du couvent, gisait la figure du conducteur mort.

Et de tout ce que je retiens d'Ypres, c'est à cela que je pense le plus souvent, car c'est un symbole du lieu lui-même : le mort couché près de la croix, signe de souffrance qui mène à une autre vie. L'agonie d'Ypres la rendra immortelle ; car si jamais une ville mérite l'immortalité, c'est bien cette vieille ville en ruine dans les plaines de Flandre.

XII

"PONGO" SIMPSON SUR LES GRUMBLERS

J'étais dans ma pirogue, essayant d'écrire une lettre à la lueur intermittente d'une bougie qui s'éteignait de temps en temps par les gouttes de pluie qui traversaient le toit, lorsque j'entendis soudain un crissement de boue, un bruit de glissement. , et une éclaboussure épouvantable. Quelqu'un était tombé dans le trou d'obus juste à l'extérieur.

J'ai attendu un moment et j'ai entendu la voix bien connue de "Pongo" Simpson. "Frappez-moi en rose !" » balbutia-t-il en escaladant la berge escarpée pour sortir de l'eau. "Et je suis parti et j'ai oublié mon savon. Le premier bain comme je l'ai annoncé depuis six semaines aussi." Et il s'est précipité dans ma pirogue, un objet terrible couvert de boue visqueuse de la tête aux pieds, et quand il respirait, de petites averses de boue s'envolaient de sa moustache.

"Bonjour," dis-je, "tu as l'air mouillé."

"Désolé, monsieur", a déclaré "Pongo", "Je pensais que c'était ma pirogue. Mouillé, monsieur ? Bon sang ! Oui, je devrais penser que j'étais mouillé", et il s'est plié en deux pour me montrer, tandis qu'un un mince filet d'eau boueuse coulait de ses cheveux jusqu'à ma lettre. « Cependant, ce n'est pas bon de se plaindre, et il vaut mieux tomber dans un trou d'obus que de laisser un obus tomber sur moi. J'ai aussi du thé dans ma propre pirogue. "

Quand il fut parti, je froissai ma lettre boueuse, et j'avoue que j'écoutais exprès sa conversation, car sa pirogue n'était séparée de la mienne que par quelques bûches horizontales empilées les unes sur les autres.

"Eh bien, tu vois, ça ne sert à rien de râler", disait-il à quelqu'un. "J'ai de la boue dans le nez et dans les yeux, et tout le long de mon cou, mais ça ne va pas disparaître, même si je grogne beaucoup. Maintenant, il y a tout le temps des types comme des tétras - là, Bert, tu pourrais "et avec ton couteau un moment pour gratter la boue de mon visage, tout craque, comme, quand je parle - s'ils ont une ration de Maconochie, ils veulent du bœuf d'intimidation, et" s'ils ont du bœuf d'intimidation, ils Je ne peux pas supporter autre chose que Maconochie. Si vous leur disiez comment la guerre allait se terminer demain, ils vous traiteraient soit de menteur épanoui, soit de grotesques comme ça, parce qu'ils ne le feraient pas. le temps de gagner le VC

"Il y avait le jeune Alf Cobb. Il n'était pas du tout râleur, et il avait bonne chance tout le temps. Quand il est arrivé au front, ils l'ont mis dans le transport parce qu'il J'étais jockey avant la guerre, et je me plaignais tout le temps de ne pas avoir eu le plaisir du combat, en effet, quand il avait eu cette petite fille. ce que nous appelions Gertie à moins de dix minutes des écuries

! C'était une gentille petite chose, c'était Gertie, et, si seulement elle avait parlé anglais au lieu de ce jargon fleuri qui ressemble à des jurons... " et ici "Pongo" s'est égaré dans une série de réminiscences de Gertie qui n'ont pas grand-chose à voir avec la guerre et rien à voir avec la grogne.

« Cependant, comme je le disais », continua-t-il enfin, « que là-bas, Alf Cobb avait l'habitude de m'énerver avec « ça grogne ». Quand il a été envoyé pour un séjour dans les tranchées, et « et tout » le plaisir de se battre," ils ont râlé parce qu'ils ne pouvaient pas aller dans un vieux estaminet et l'ordre est un verre d'amers comme un dook. Ils ont râlé parce qu'ils n'avaient pas de lit de plumes. , il a râlé parce qu'il voulait cuisiner sa propre nourriture, et il a râlé parce qu'il n'aimait pas les "Uns", puis quand un coup de sifflet a atterri sur le parapet et lui a donné un coup. gentil Blighty, un dans le bras, il a râlé parce qu'il avait peur que la mer soit agitée quand il a traversé, et il a râlé parce qu'il ne pouvait pas allumer sa propre pipe. ce que je n'aime pas.

"Ce que j'aime, c'est un type comme le vieux Lewis, qui était toujours joyeux. Il avait dit aux rhumatisants quelque chose d'effrayant, mais il ne s'est jamais plaint. Puis il est parti en plaisantant et s'est marié avant la guerre, et il est Missis l'a endetté puis s'est enfui avec un gars qui travaille dans les munitions. "Pas de bons grognements", dit le vieux Joe Lewis, et "il est toujours resté joyeux, et la nuit" on l'a entendu comme ". Maintenant, la jeune femme est partie et elle a joué sur son vieil orgue à bouche aussi bien qu'un gars, ce qui se passe est en route vers le Dragon Vert avec cinq bobs dans sa poche. Les autres types étaient au courant. Je pensais que " ow Joe s'en fichait du tout, mais j'étais " c'est mon pote " et je savais que " ow ça faisait très mal quand il a été renversé lors de cette attaque vers Lee Bassey, je me suis arrêté en plaisantant. " je suis pour une minute. 'Ne t'inquiète pas pour moi, Pongo', dit 'e, 'je ne pourrais pas me supporter sans 'euh' - ce qui veut dire 'c'est mademoiselle, tu vois -' et je préférerais 'opez comme ça. Si je vous disais un vieux orgue à bouche ici, je vous donnerais une mélodie pour vous aider.' C'était le genre de type qu'il était, joyeux jusqu'au bout. J'allais aller aux tranchées de l'ONU, et je ne l'ai plus jamais revu, car un gros obus est arrivé et l'a enterré.

"Après tout," continua "Pongo" après une pause, "c'est une vie, quels que soient ses avantages. Je ne dois pas mettre un col 'ardent' le dimanche dehors avant, comme moi, la vieille femme me le fait faire à ' ome. Alors, j'aurais peut-être été coincé dans cette coquille et je me serais noyé ; je n'aurais peut-être pas eu une chemise propre pour me sécher ; , ça pourrait être pire, et je ne suis jamais du genre à râler.

Puis quelqu'un qui connaissait bien "Pongo" a fait une remarque apparemment hors de propos. "Il y a encore de la confiture de prunes et de pommes pour les rations", a-t-il déclaré.

"Pongo" s'est immédiatement levé à la volée. « Mon Dieu ! » dit-il, "si ce n'est pas la limite de floraison. J'aimerais me procurer et autour du cou du type ce qui aura toutes les framboises, les abricots et la marmelade. "Il y a deux ans que je suis là les tranchées, et qu'ai-je vu à part de la prune et de la pomme ? Si ce n'est pas de la prune et de la pomme, c'est de la prune et de la pomme, ce qui est pareil, sauf qu'il y a plus de cailloux dedans. ...."

"Pongo", insinua quelqu'un à ce moment-là, "je pensais que tu n'as jamais grogné."

La voix de « Pongo » tomba à son niveau ordinaire. "Ce n'est pas une grogne", dit-il. "Je ne suis pas du genre à me plaindre."

Mais pendant la majeure partie d'une heure, je l'ai entendu grogner pour lui-même, et « prune et pomme » était le fardeau de son grognement. Car même « Pongo » Simpson ne peut pas toujours mettre en pratique ce qu'il prêche.

XIII

LE CONVERTI

John North, du Corps des Non-Combattants, s'est penché par-dessus le comptoir et a souri avec amour au visage de la vendeuse. Par un accident apparent, sa main glissa entre le panier de pommes et les boîtes de biscuits, et entra doucement en contact avec la sienne. Ne connaissant pas le français, sa conversation était strictement limitée, et il dut se rattraper en parlant avec sa main, en caressant doucement sa paume avec son pouce taché de terre.

Mademoiselle Thérèse lui sourit timidement et sa main resta sur le comptoir.

Le soldat John North, ainsi encouragé, s'enhardit encore. Il serra ses doigts dans son poing, et se demandait juste s'il osait les embrasser, quand une voix bourrue derrière lui le fit se raidir et faire comme s'il ne voulait rien d'autre qu'une tablette de chocolat d'un sou.

"Maintenant, allez-y", dit le nouveau venu, un soldat avec la boue des tranchées encore incrustée sur ses vêtements. "C'est ma jeune fille, n'est-ce pas, Thérèse ?"

Thérèse sourit assez vaguement, car elle ne connaissait pas plus le cockney que John North ne connaissait le français.

"Vous sortez d'ici", a poursuivi le juge de ligne. "Je ne veux pas qu'aucun de vous, les objecteurs, ne traîne dans ce magasin, et si vous revenez ici, je ne vous en ferai pas un."

Malheureusement, c'est dans la nature d'une femme de jouir de la vue de deux hommes se disputant ses faveurs, et Thérèse, devinant ce qui se passait, fut assez imprudente pour sourire de doux encouragements à John North.

Même un objecteur de conscience perd conscience lorsqu'il y a une femme dans cette affaire. John North a retroussé ses manches comme s'il avait été boxeur toute sa vie et a frappé son adversaire avec une telle vigueur que les boîtes de biscuits ont été projetées au sol et que le contenu d'une boîte de chocolats a été éparpillé sur le sol.

Pour nous, Mademoiselle Thérèse disparaît à partir de ce moment, mais le petit incident survenu dans sa boutique n'a pas été sans conséquences. En premier lieu, la police militaire a jeté les deux mécréants dans la même salle de garde, où, de rivaux acharnés, ils sont devenus les meilleurs amis du monde. En second lieu, John North, après avoir fait couler du sang, n'était plus content de son ancienne vie et voulait en tirer davantage.

Finalement, il rejoignit les Westford et tira son premier coup de feu par-dessus le parapet sous la direction directe de son nouvel ami. Peu importe que son premier coup de feu ait volé à plusieurs mètres au-dessus du parapet allemand ; l'intention était bonne, et il est toujours possible que la balle ait mis en activité quelque Hun corpulent dont le devoir l'obligeait à conduire les chevaux de trait derrière la ligne de tir.

Pendant des semaines, Saint Jean, comme l'appelait son groupe, a disparu de ma vie. Il y avait bien d'autres choses à penser : bombes et grenades, attaques et contre-attaques, « barrages » et mortiers de tranchées, et toutes les autres choses dont nous aimons à discuter doctement quand nous rentrons en permission. John North était, pour l'époque, complètement oublié.

Mais un jour, alors que la Grande Poussée battait son plein, je l'ai rencontré à nouveau. De son ancien point de vue, il avait malheureusement dégénéré ; du nôtre, il était devenu un homme utile doté d'une conscience utile qui lui disait que l'Angleterre voulait qu'il « fasse » autant de Huns que possible.

Je supervisais des travaux sur une tranchée qui était autrefois allemande, mais qui était maintenant la nôtre – les taches rouges sur la craie blanche témoignaient de la bataille pour celle-ci – lorsqu'une voix que je connaissais résonna plus loin dans la tranchée.

"Si vous ne marchez pas bien, je ne vous en ferai pas un, je ne le ferai pas", entendis-je alors que la tête d'un étrange petit cortège contournait la traverse. Derrière six Allemands costauds mais abattus, se présentait le soldat John North, défunt objecteur de conscience, conduisant ses prisonniers au gré de jurons retentissants et des manœuvres sanglantes d'une baïonnette qu'il brandissait dans sa main gauche.

"Ils seront tous à moi, monsieur, les beautés", dit-il en passant devant moi. "Je les ai tous achetés moi-même et je les ai payés aussi," et il a levé un bras droit bandé pour mon inspection.

Et, tout au fond de la tranchée, je l'entendis encourager ses prisonniers par des menaces qui raviraient un pirate ou un Chinois.

Comment il a capturé à lui seul six ennemis, je ne le sais pas, mais il a été le premier homme à atteindre les barbelés allemands, me dit-on, et il a amené deux hommes blessés du No Man's Land.

Personnellement, il ne me semble donc pas que six Allemands suffisent à payer le petit doigt de Saint Jean, autrefois objecteur de conscience.

XIV

DAVID ET JONATHAN

je

Aussi étranges qu'ils fussent, ils étaient amis depuis leur première rencontre à l'école, onze ans auparavant. Jonathan – car quels autres noms sont nécessaires que les évidents David et Jonathan ? – était alors un gros garçon aux cheveux blonds, avec un profond amour pour la campagne et des mains qui, quelle que soit la fréquence à laquelle il les lavait, semblaient toujours tachées de taches. encre. Il avait une profonde admiration, une adoration presque, pour son David brun aux yeux noirs, sauvage et musical.

C'est l'amour du pays qui les rendit d'abord amis, et David devint, pour ainsi dire, le moyen d'expression de Jonathan, car David pouvait mettre en mots, et plus tard en musique, ce que Jonathan ne pouvait ressentir que vaguement et vaguement. Jonathan était l'écolier public britannique typique avec une pointe de sens artistique caché en lui, tandis que David possédait une âme et le savait. Une âme est une chose difficile à posséder à l'école en Angleterre, car elle apporte beaucoup de « ragots » et pas peu de mépris à son propriétaire, et Jonathan a mené de nombreuses batailles pour défendre son ami moins compris.

Onze ans n'avaient apporté que peu de changements matériels. Jonathan, après quelques petites rébellions, s'était installé dans le bureau de son père et apprenait à oublier l'appel de la grande route et les rêves à moitié réalisés de sa jeunesse. David, de son côté, errait à travers le continent pour étudier les langues pour le service consulaire, acquérant en réalité un peu de poésie, un certain nombre d'amis et une connaissance approfondie de la musique. De Jonathan, il avait appris à cacher ses sentiments en présence de ceux qui ne voulaient pas comprendre, et à laisser sa raison vaincre les caprices les plus sauvages qui lui traversaient le cerveau. Jonathan, à son tour, avait acquis un pouvoir, dont il se rendait à peine compte, celui d'apprécier la musique et les paysages, et qu'aucune vie de bureau ne diminuerait jamais.

Puis la guerre éclata et les réunit à nouveau.

Au début, David, qui s'amusait à Madrid à enseigner des éléments de grammaire et un large vocabulaire d'argot anglais à tout Espagnol qui voulait payer pour cela, rentra chez lui et s'enrôla avec Jonathan dans un régiment de ligne. Pendant deux mois, ils s'entraînèrent et s'exercèrent aux soi-disant « arts de la guerre ». Puis, principalement à cause d'un commandant de section sans âme, ils postulèrent et obtinrent des commissions dans le même régiment.

Dans le même cantonnement, ils revivaient leurs années d'école, et le soir, autour du feu, ils évoquaient de vieux souvenirs, ou David racontait ses aventures à l'étranger, jusque tard dans la nuit.

Quand le moment est venu pour eux d'aller au front, le destin les a toujours favorisés ; ils sortirent ensemble dans le même régiment en France et furent enrôlés dans la même compagnie. Ensemble, ils montèrent pour la première fois dans les tranchées, ensemble ils travaillèrent, ensemble ils s'accroupissaient sous le parapet lorsque les obus allemands se rapprochaient désagréablement, et, pendant tout ce temps, Jonathan, calme et posé, aidait inconsciemment l'autre, qui, étant maudit d'une imagination débordante, enviait secrètement le calme de son ami.

Aujourd'hui, rien n'a plus de pouvoir pour cimenter ou briser les amitiés que la guerre. La compagnie forcée, le partage du danger, le support commun de tous les inconforts imaginables se combinent pour faire des camarades ou des ennemis. Il y a tant de choses qui mettent la patience à rude épreuve, qu'un véritable ami à qui l'on peut se confier devient doublement cher, tandis qu'on finit par haïr un homme qui a le malheur de vous irriter jour après jour. La guerre a fait comprendre à David et Jonathan à quel point leur amitié signifiait et combien l'un était nécessaire à l'autre, l'un en raison de son calme continu, l'autre en raison du soulagement que lui apportait son amour de la musique et de la nature.

II

Vers la fin avril 1915, ils revinrent dans leurs cantonnements près d'Ypres. Au nord, une terrible bataille se déroulait, les derniers habitants fuyaient la ville, et d'énormes obus hurlaient sur leur passage et éclataient avec d'effroyables nuages de fumée parmi les maisons déjà détruites. De temps en temps, un motocycliste arrivait à toute vitesse sur la route et, une ou deux fois, une ambulance arrivait avec son chargement de gazés et de blessés résultant des combats au nord.

Un matin, alors que les Allemands semblaient assez calmes, David et Jonathan partirent bras dessus bras dessous vers Ypres, pour explorer. De temps à autre, un obus – un bourdonnement qui s'intensifiait jusqu'à devenir un rugissement, suivi, un instant après, d'une terrible explosion – les avertissait de ne pas sortir des faubourgs de la ville, et c'est ici qu'ils arrivèrent à une grande villa, avec lilas en herbe dans le jardin. D'un commun accord, ils se présentèrent devant le grand portail en fer et entrèrent dans la maison à moitié en ruine.

La partie de la maison donnant sur la route avait été détruite par un gros obus. Au-dessus d'un trou béant dans le plafond se trouvait un lit aux pieds de fer étrangement tordus, qui menaçait de se déséquilibrer à tout moment et de se précipiter dans le couloir en dessous. Des cadres brisés étaient encore accrochés aux murs, et sur le sol, à proximité, gisait un chapelet, le Crucifix écrasé par une botte insouciante. Les meubles gisaient en tas et la porte d'entrée était grotesquement posée sur un miroir brisé. Partout il y avait des décombres.

L'autre moitié de la maison était encore presque intacte. Dans ce qui était autrefois le salon, ils trouvèrent des fauteuils confortables et un excellent piano Pleyel, tandis qu'un exemplaire du *Daily Mirror* donnait l'indice que la pièce avait été occupée jusqu'à récemment par les troupes britanniques.

David s'assit au piano et commença à jouer, et Jonathan se jeta dans un fauteuil près de la fenêtre pour écouter et regarder dehors alternativement les nuages et le soleil. C'était une de ces matinées parfaites d'avril, aux couleurs vives et venteuses, et la brise dans les lilas se mêlait aux notes du piano jusqu'à ce qu'on puisse à peine les distinguer. Le rare vrombissement et l'explosion d'un obus n'ont fait qu'accentuer la paix intermédiaire. Jonathan ne s'était jamais senti aussi en harmonie avec la nature et avec son ami, et plus d'une fois, aussi impassible et calme qu'il soit généralement, il sentit une larme lui monter aux yeux devant un petit morceau de musique très beau ou la gloire du monde extérieur.

III

« Vous venez à la villa ce matin ? » a demandé David à son ami un jour ou deux plus tard.

"J'ai une foutue inspection des fusils à dix heures et demie. Continuez et j'y arriverai dès que je pourrai", répondit Jonathan, et il partit parler à son sergent de peloton pendant que son ami s'éloignait. à la villa.

Alors qu'il remontait la route d'Ypres, une heure plus tard, il rencontra un infirmier à cheval. "Excusez-moi, monsieur, je ne pense pas que la route soit très belle maintenant", dit-il. "Ils lancent encore des trucs lourds dans Yips."

Jonathan sourit. "Oh, ça va," dit-il. "Merci quand même de m'avoir prévenu. Je ferai attention." Et il reprit la route en toute hâte.

Ce n'est qu'à l'intérieur de la villa qu'il remarqua quelque chose d'anormal. Mais soudain, il s'arrêta, consterné. La porte par laquelle ils entraient dans le salon avait disparu, et à sa place se trouvait une immense brèche dans le mur. Les meubles étaient ensevelis sous une masse de débris, et au lieu du plafond doré au-dessus de lui, il n'y avait que le ciel bleu. Le piano était encore intact, mais sur les touches et sur le mur derrière, il y avait des éclaboussures de sang. David était allongé par terre à côté, à moitié recouvert de plâtre. Il se força à s'approcher et regarda à nouveau. La tête de son ami était complètement fracassée et il lui manquait un bras.

Pendant quelques minutes, il resta immobile, à regarder. Puis, avec un frémissement soudain, il se retourna et courut. Dans le jardin, il trébucha sur quelque chose et tomba, mais il ne ressentit aucune blessure, car une terreur folle l'envahissait et tout sens avait disparu. Il doit s'éloigner de cette chose épouvantable qui se trouve là-dedans ; il doit mettre des kilomètres entre lui et la vision ; il doit courir... courir... courir...

IV

Deux soldats l'ont trouvé, les yeux hagards et tremblants, et l'ont amené chez un médecin. "Nerfs, pauvre diable, et mal aussi !" était le diagnostic ; et avant que Jonathan ne réalise vraiment ce qui s'était passé, il était hospitalisé à Rouen.

Tout le monde devient « nerveux » après un certain temps de guerre moderne ; même les nerfs des moins imaginatifs peuvent se briser devant un choc soudain.

Il en est de même pour Jonathan, impassible. Après un an, il est toujours en Angleterre. "Pourquoi ne sort-il plus ?" demandent les gens. "Il a l'air assez bien. Il doit être paresseux." Mais ils ne réalisent rien de l'attente nocturne des rêves redoutés et souvent répétés ; ils ne peuvent pas raconter les horribles visions que peut apporter la guerre, ils ne savent pas ce que cela signifie, cette neurasthénie, cet enfer sur terre.

Il est difficile d'oublier ce qui doit être oublié. Si vous avez des « nerfs », vous devez faire tout ce que vous pouvez pour oublier les choses qui les ont causés, mais lorsque tout ce que vous faites ou dites, pensez ou entendez vous rappelle d'une manière lointaine tout ce que vous devez oublier, alors la guérison est vraiment difficile.

C'est pourquoi Jonathan est toujours en Angleterre. S'il entend ou lit des récits de guerre, il pense à son ami décédé : s'il entend de la musique, même un orgue de rue, le résultat est pire ; s'il tente de s'échapper et se cache à la campagne, les oiseaux et les fleurs de lilas le ramènent à ce matin près d'Ypres, où il a réalisé pour la première fois à quel point son amitié comptait pour lui. Et chaque fois qu'il pense à son ami, cet horrible cadavre près du piano revient devant ses yeux fermés, et ses mains tremblent à nouveau de peur.

XV

LE POT DE RHUM

ET AUTRES SUPERSTITIONS DE SOLDATS

L'élément le plus remarquable de la célèbre histoire des "Anges de Mons" était le fait que des centaines de soldats anglais pratiques, peu poétiques et impassibles se sont présentés et ont témoigné avoir eu la vision. Que l'histoire soit factuelle ou fantaisiste, elle constitue un excellent exemple d'un changement dans notre caractère national.

Avant la guerre, l'Anglais peu romantique qui croyait avoir une vision aurait blâmé à son tour sa vue, sa digestion, sa sobriété et sa santé mentale avant d'admettre qu'il avait quoi que ce soit à voir avec le surnaturel. Il raconte maintenant, sans le moindre semblant de rougissement, qu'il met sa foi dans les superstitions, les charmes et les mascottes, et que son signe chanceux lui a sauvé la vie à une demi-douzaine de reprises.

Parmi toutes les superstitions nombreuses et étranges qui existent aujourd'hui dans l'armée britannique, la plus populaire concerne le pot qui contient la ration de rhum. La rumeur raconte qu'il y a bien longtemps, un groupe qui apportait des rations pour une compagnie dans les tranchées fut tenté par l'idée d'une bonne boisson et tomba. Quand tout le rhum fut consommé, la question se posa de savoir comment expliquer la situation, et le génie du parti suggéra de casser le pot et de faire comme si il avait été touché par une balle. Lorsque le groupe entra dans la tranchée, la compagnie en attente se vit montrer la poignée du pot et dut écouter une histoire vivante sur la façon dont une balle allemande qui venait de rater le soldat Hawkes avait gaspillé tout le rhum de la compagnie. La rumeur veut également que la démarche instable d'un membre du parti ait démenti l'histoire – mais ce n'est pas la question.

De ce petit incident est née une superstition de grande portée : les balles allemandes, disent les hommes, s'écartent instinctivement vers le pot de rhum le plus proche. Quelques coups de feu perdus ont contribué à renforcer la conviction, et celle-ci perdure sur presque toute la longueur de la ligne britannique, que l'homme qui transporte le pot de rhum court un double risque d'être touché.

Les mascottes et les talismans tiennent une place importante dans la vie du soldat. Je connais un homme qui portait dans son sac un chapelet qu'il avait récupéré dans une des rues d'Ypres. Un jour, sa jambe a été fracturée en deux endroits par un gros morceau d'une bombe de mortier de tranchée, mais, malgré sa douleur, il a refusé d'être emmené au poste de secours jusqu'à ce que nous ayons fouillé son sac et lui avons trouvé son chapelet. . "Si je ne le prends pas avec moi", dit-il, "je le récupérerai en descendant."

Et ce n'est en aucun cas un exemple isolé. Presque tous les hommes au front ont une mascotte quelconque – un chapelet, un chat noir, un bouton allemand ou un signe étrange – qui est censée assurer leur sécurité.

Leurs superstitions sont également nombreuses. Un homme est convaincu qu'il sera tué un vendredi ; un autre préférerait gaspiller une allumette sèche, et donc précieuse, plutôt que d'allumer trois cigarettes avec ; un autre s'estimera chanceux s'il aperçoit une vache en route vers les tranchées ; un quatrième fera face à n'importe quel danger, se portera volontaire pour n'importe quelle patrouille, subira la pire attaque sans état d'âme, simplement parce qu'il « a le sentiment qu'il s'en sortira indemne ». Et il le fait généralement aussi.

J'ai eu autrefois un domestique qui portait un bouton de chaussure accroché à un bout de ficelle autour du cou. Dans un village de France, une petite fille le lui avait offert en cadeau, et il le chérissait avec autant de soin qu'un marchand de diamants chérirait la grande pierre de Koh-i-noor. En fait, je suis convaincu qu'il allait souvent sans se laver. juste pour éviter le risque de perte en l'enlevant et en le remettant. Pour vous, en Angleterre, il semble ridicule qu'un homme puisse espérer préserver sa vie en portant un bouton de chaussure sur un bout de ficelle. Mais alors, vous n'avez pas vu les étranges tours que le Destin va jouer avec les vies. Vous n'avez pas vu combien de fois un obus éclate sur un groupe d'hommes, en tue un sur le coup et laisse les autres intacts ; vous n'avez pas plaisanté avec un ami un instant et ne vous êtes pas agenouillé près de lui pour entendre ses dernières paroles l'instant d'après ; vous ne vous êtes pas tenu la nuit près d'une tombe creusée à la hâte et vous êtes demandé, en marmonnant quelques prières à moitié mémorisées, pourquoi le camarade qui gisait là sur un drap imperméable aurait dû être tué alors que vous étiez indemne.

En outre, il y a tant de choses qui tendent à rendre un homme superstitieux et à le confirmer dans sa confiance dans les mascottes et les amulettes. Beaucoup d'hommes ont eu le pressentiment de leur mort, beaucoup d'hommes ont traversé de longs mois de guerre, puis ont été tués le jour où ils ont perdu leur mascotte.

La pensée de la superstition me rappelle Joe Williams, l'ancien policier. Joe Williams était un fataliste et croyait chaque mot qu'il lisait dans son petit livre de prophéties, de sorte que l'aube du 4 septembre le trouva maussade et déprimé.

"Ce n'est pas bon pour la floraison", grommela-t-il. "Il est dit dans mon livre que le 4 septembre est un jour désastreux pour l'Angleterre, il en sera ainsi.

Il n'y a aucun moyen d'arrêter le destin." Et quand sa section se moquait de ses craintes, il haussait simplement les épaules et restait assis à regarder la lueur du brasier.

La journée s'écoulait tranquillement et j'avais complètement oublié Williams et ses sombres prophéties lorsqu'un caporal est arrivé dans ma pirogue. "Williams a été touché par une bombe, monsieur," dit-il, "et il est presque fini."

À l'autre bout de la tranchée gisait Joe Williams, proche de la mort, tandis que ses camarades pansaient ses blessures. La morosité avait disparu de son visage et quand il m'a vu, il m'a fait signe de me baisser. « Que vous ai-je dit, monsieur, du désastre de l'Angleterre ? Il murmura. "N'est-ce pas un désastre florissant ?" et il essaya de rire de sa petite plaisanterie, mais le flux de sang l'étouffa et il mourut.

Peut-être, cependant, était-il plus près du but qu'il ne l'imaginait, car c'est une chose téméraire de dire que la mort d'un homme qui sait plaisanter jusqu'à son dernier souffle n'est pas un désastre pour l'Angleterre.

Tout cela peut vous paraître extrêmement insensé et enfantin ; Vous serez peut-être frappé par le fait que nos hommes au front tentent de soudoyer le destin, ou que nous retournons à l'époque des sorcières et des sorciers. Mais ce développement de superstition n'est pas sans avantages. L'homme est un si petit pion impuissant dans le jeu impitoyable de la guerre, et la mort est si soudaine et si étrange que l'âme tâtonne instinctivement à la recherche du signe d'un bras protecteur et d'un pouvoir vigilant. La Bible, le Crucifix, un petit bijou bon marché, n'importe lequel d'entre eux peut apporter du réconfort à l'homme dans la tranchée et lui donner l'illusion qu'il n'est pas de ceux qui sont condamnés à la faucille de la mort.

Un homme qui est convaincu qu'il sortira indemne d'une bataille le fait généralement, ou, si la mort survient, il l'affronte avec un sourire aux lèvres. L'homme qui s'attend à être tué, qui ne croit pas à un quelconque pouvoir de protection – même si celui-ci n'est symbolisé que par un bouton de chaussure ordinaire – est très vite pris par la Mort, mais, même alors, pas avant d'avoir traversé ces longues et morbides étapes. des heures d'attente qui engendrent les germes de la peur.

Le porte-bonheur qui peut apporter du réconfort à un homme en danger n'est pas une chose dont il faut se moquer. C'est peut-être une preuve d'ignorance, mais pour l'homme, cela symbolise son Dieu et mérite donc tout le respect et la révérence des autres.

XVI

LA BOUTIQUE DE THÉ

Baker est venu me voir directement après le déjeuner. "Écoutez ici," dit-il, "je ne suis pas satisfait."

"Qu'est-ce qu'il y a maintenant ?"

"Je veux quelque chose de respectable à manger. Allons à Poperinghe et prenons un thé bien cuit."

"Il y a six milles", objectai-je, "et une journée incroyablement chaude."

"C'est tant mieux pour un appétit d'omelette."

J'ai pensé aux omelettes du salon de thé de Poperinghe et j'ai su que j'étais perdu. "Tu ne peux pas avoir de chevaux ?" J'ai demandé.

"Pas de chance. Le transport doit changer aujourd'hui et il n'y a rien à faire dans cette file. J'ai demandé juste avant le déjeuner."

Les omelettes dansaient de haut en bas devant mes yeux jusqu'à ce que les kilomètres qui les séparaient sur des pavés durs se réduisent à néant. "Très bien," dis-je. "Veux-tu aller nous demander un congé ? Je serai prêt dans une minute." Et je suis parti emprunter de l'argent à Jackson pour payer mes omelettes.

Le clocher de l'église de Poperinghe scintillait sous la chaleur et semblait nous attirer le long de la route droite qui traversait des kilomètres de plaine, relevée ici et là par des étendues de grandes perches à houblon ou par de petites fermes aux toits rouges où se prélassaient des personnages en kaki. .

Dans chaque champ paissaient des dizaines de chevaux et dans chaque ruelle se trouvaient d'interminables files de camions à moteur, avec des hommes en uniforme graisseux qui rampaient sous eux ou dormaient sur les sièges. À un endroit, un « Tommy » en sueur se précipitait dans une cour de ferme à quatre pattes et aboyait méchamment au profit d'une petite fille blonde et d'un sale chiot fox-terrier ; et juste au-dessus de lui se balançait une « saucisse » qui brillait au soleil. Juste à la sortie de Poperinghe, nous avons rencontré des groupes d'hommes, armés de serviettes, qui attendaient au bord de la route des bains à la brasserie et, sur notre passage, un vieil homme qui déclarait que ses "rhumatismals étaient si graves qu'il ne pouvait pas se laver", " essayait de vendre un savon tout neuf contre la promesse d'un verre.

Le soleil était brûlant dans le ciel, et le pavage, que rien sur terre n'est plus fatiguant, semblait plus rude et plus dur que d'habitude ; des camions ou des voitures contenant des généraux semblaient, à chaque instant, nous obliger à nous diriger vers le fossé, et nous avions chaud et des douleurs aux pieds lorsque nous traversions la Grande Place pour nous rendre au salon de thé.

Mais ici, nous étions voués à la déception, car pas une chaise n'était libre, « pas de place pour une puce », comme nous l'expliquait Madame, et il nous fallait réprimer nos appétits du mieux que nous pouvions.

Le salon de thé de Poperinghe ! Où pourrait-on espérer trouver un endroit plus populaire que ne l'était le salon de thé du début de 1915 ? Où trouver de meilleures omelettes servies par une petite serveuse plus charmante ? — était-elle vraiment charmante, je me demande, ou avait-elle simplement l'air d'une *faute de mieux* ? Où trouver un endroit plus agréable pour rencontrer vos amis des autres régiments, boire du café, manger de délicieux gâteaux français ? Il n'est pas surprenant que le magasin de Poperinghe soit toujours bondé à quatre heures de l'après-midi, à l'époque qui précédait la deuxième bataille d'Ypres.

Aussi patiemment que possible, Baker et moi avons attendu, les yeux de lynx, que deux chaises soient libérées.

« Mademoiselle », appelions-nous, « deux omelettes, s'il vous plait ».

"Bien, messieurs, tout de suite."

Mais nous avions bien trop faim pour attendre, et avant l'arrivée des omelettes, nous avions débarrassé une grande assiette de gâteaux. Après des semaines de cuisson indifférente des tranchées, la première omelette bien cuite est une grande joie et, en posant ma fourchette, j'ai jeté un coup d'œil interrogateur à Baker.

"Plutôt", a-t-il répondu à ma question tacite.

"Mademoiselle, encore deux omelettes, s'il vous plait", ordonnai-je. "Nous avons une faim de loup."

"Je m'en aperçois, messieurs les officiers", répondit notre belle enchanteresse en s'empressant de repartir répéter notre commande dans la cuisine, tandis qu'une foule d'officiers prédateurs nous jetaient des regards meurtriers en constatant que nous n'avions pas l'intention de quitter nos places. si tôt. "Certains gars sont des cochons", murmura l'un d'eux.

"C'était splendide", a déclaré Baker lorsque nous avons commencé notre marche de retour. "Mais six milles, c'est un sacré long chemin."

Personnellement, cependant, j'ai apprécié ces six milles au crépuscule, car nous semblions entendre le bourdonnement de la circulation et les cris des vendeurs de journaux. Notre thé nous rapporta des souvenirs d'Angleterre et nous parlâmes de Londres et de notre maison, des théâtres et de la patrouille côtière sur les falaises du sud, jusqu'à ce que les petites huttes basses de notre camp apparaissent devant nous.

Cela fait maintenant près de deux ans que Baker a été tué. Il a été retrouvé gazé dans une pirogue sur la colline 60, et à ses côtés gisait son domestique, décédé en tentant de le traîner vers la sécurité relative de la tranchée ouverte. Près de deux ans depuis qu'un autre ami a donné sa vie pour son pays ; près de deux ans qu'une autre mère en Angleterre apprenait que son fils avait été tué lors d'une "légère diversion sur le saillant d'Ypres" !

Mais c'est ainsi qu'il aurait souhaité mourir.

XVIIIe

"VOICI LE GÉNÉRAL"

Un domestique m'a apporté un mot dans ma pirogue :

"Descendez déjeuner dans la tranchée 35D", pouvait-on lire, "dans la pirogue des officiers de la Compagnie C. Les invités sont priés d'apporter leurs propres assiettes et couverts, et, si c'est convenable, leur propre nourriture. Menu ci-joint. RSVP"

Le menu était le suivant :

MENU DU DÉJEUNER DONNÉ PAR LA SOCIÉTÉ C DANS LEUR RÉSIDENCE DE CAMPAGNE, "LA RETRAITE", 15/5/15.

SOUPES

Soupe à la Bully Beef. Soupe à l'Oxo.

POISSON

Saumon (et Pâte de Crevettes) sans Sauce Mayonnaise. Sardines à l'Huile (si quelqu'un les fournit).

ENTRÉES

Maconochie, très anciennes. Bœuf Bully et pommes de terre bouillies. Morceaux d'ananas

SUCRÉS

, fraîchement sortis de la boîte. Gâteau aux groseilles anglais. Rarebit gallois

SALÉ

.

J'ai lu le menu et j'ai décidé de prendre le risque et, me procurant la vaisselle nécessaire, j'ai parcouru un demi-mile de tranchées jusqu'à la Compagnie C. La pirogue des officiers se trouvait dans la cave d'une vieille chaumière qui venait de rejoindre notre ligne de tranchées. On n'y accédait que par un escalier très étroit qui descendait de la tranchée. L'intérieur, à mon arrivée, était éclairé par trois bougies plantées dans des bouteilles, qui montraient des officiers dans presque tous les endroits vacants, à l'exception d'un coin, où se trouvait un aide-téléphonique avec son appareil. J'occupais le seul terrain inoccupé que je pouvais trouver et j'attendais les événements.

La soupe était bouleversée, car le moment où le domestique s'apprêtait à la faire descendre du ciel était le moment choisi pour une répétition de ce fameux jeu : « Voici le général ». Les règles de ce jeu sont simples. Dès que quelqu'un prononce la phrase magique, il y a une ruée immédiate vers les marches, le vainqueur du jeu étant celui qui parvient à arriver le premier au sommet et à impressionner ainsi le général imaginaire par son intelligence.

La soupe n'avait qu'une faible chance dans une bousculade de onze officiers, les bougies furent éteintes et une longue dispute s'ensuivit pour savoir à qui appartenait l'assiette, et pourquoi la cuillère de Martin aurait dû descendre dans le cou de Fenton, et si ce dernier devait être préparé. de confisquer sa propre cuillère pour compenser son vol involontaire.

L'ordre fut enfin rétabli, et le repas se déroulait dans une paix relative, lorsque, tout à coup, Jones, qui n'avait pas été invité au déjeuner, apparut en haut des marches.

"Je dis, les gars," cria-t-il avec enthousiasme. "Voici le général qui arrive."

"Menteur!" cria quelqu'un. Mais les mots magiques ne pouvaient pas passer inaperçus, même si nous mangions à ce moment-là des morceaux d'ananas, et ils sont très collants si vous les renversez sur vos vêtements.

Il y eut une effroyable bousculade au cours de laquelle tout le monde, à l'exception de Walters, qui se plaça dans le coin le plus éloigné avec la boîte d'ananas, essaya de monter ensemble des marches juste assez larges pour permettre le passage d'un homme à la fois. .

Un conglomérat d'officiers, tous accrochés convulsivement les uns aux autres, fit brusquement irruption dans la tranchée ouverte, presque aux pieds du général, qui contournait la traverse et les voyait à ce moment-là.

Lorsque je suis revenu à l'abri de la compagnie C, environ une heure plus tard, pour tenter de récupérer mon assiette et tout ce qui n'avait pas été brisé, j'ai trouvé trois officiers en train de lire un message qui venait de me parvenir par téléphone du quartier général du bataillon. Il était précédé du nombre habituel de lettres et de chiffres mystérieux et disait :

"Le brigadier a remarqué avec regret la tendance de plusieurs officiers à se rassembler dans une seule abri. Cette pratique doit cesser. Un officier doit avoir son abri aussi près que possible de celui de ses propres hommes et ne doit pas passer son temps dans les pirogues appartenant aux officiers d'autres compagnies.

"Voici le Général !" murmura quelqu'un.

Je montai le premier les marches et me précipitai, une assiette cabossée à la main, le long des tranchées jusqu'à ma pirogue.

XVIII

LE COQUIN À LA GUERRE

Même les plus apathiques d'entre nous ont été transformés par la guerre : celui qui, en temps de paix, se contentait de ses livres de comptes et de ses tâches quotidiennes, fait maintenant partie des rangs des hommes qui escaladent le parapet et se précipitent en applaudissant vers les lignes allemandes ; elle qui vivait de golf, de danse et de théâtre soigne désormais les blessés pendant les longues nuits d'hôpital. Tout le monde, dans toutes les classes de la vie, a changé : le « fainéant » est devenu soldat et le cambrioleur est devenu un homme sain et honnête.

Il est étrange que la guerre, dont on pourrait attendre qu'elle réveille en nous toutes les passions animales, nous ait fait tant de bien ! Il y a parmi les hommes dans les tranchées plusieurs centaines qui étaient, avant la guerre, beaucoup plus à l'aise dans les tribunaux de police et les prisons que ne l'est le Londonien moyen lors d'un dîner public. Qu'ils soient courageux n'est pas étonnant, car l'aventure est dans leurs os, mais ils sont aussi fidèles, aussi dignes de confiance, aussi disposés à la discipline que n'importe quel soldat que nous possédons.

Il y avait « Nobby » Clarke, par exemple. "Nobby" était un petit Cockney dégueulasse qui est devenu mon "batman", ou serviteur. Il avait le contrôle total de mon sac à main privé, faisait tous mes achats et marchandait chaque centime avec autant de soin que s'il s'agissait du sien. Puis, alors qu'il m'avait servi pendant plus de six mois, je l'ai entendu un jour raconter ses expériences en prison, et j'ai découvert qu'il avait été un chapardeur et un pickpocket bien connu dans tous les tribunaux de police de Londres. Dans ses étranges moments hors de prison, il se promenait devant les grandes gares, touchait une casquette débraillée avec un doigt sale et disait : « Kerry, vous vous en priez, monsieur ? sur un ton menaçant envers tous les passants ; cependant, son principal revenu semblait provenir de sources beaucoup moins respectables.

Et pourtant, il m'a servi plus fidèlement que je n'ai jamais été servi avant ou depuis, et j'ai rarement été plus désolé que lorsque "Nobby" Clarke a été touché. Pendant que nous l'attaquions — il avait été blessé à huit endroits par une grenade à fusil — il m'a fait signe et je me suis penché sur lui.

"Je n'ai personne chez moi qui se soucie de moi", dit-il, "alors vous pourriez bien et moi, les gars d'ici. J'ai une photo de moi, cette vieille femme qui est morte il y a cinq ans. " C'est dans mon livret de paie, monsieur, et j'aimerais que vous le gardiez pour vous rappeler de moi. " Puis, sa voix s'affaiblissant à chaque instant, "Je n'ai pas été un aussi mauvais serviteur pour vous que moi, monsieur ?" » murmura-t-il, ses yeux regardant les miens d'un air attrayant. Et quand « Nobby » Clarke, ancien fainéant et pickpocket, est décédé, je n'ai pas honte d'admettre qu'il y avait une sorte de boule étrange dans ma gorge.

Et il n'était qu'un parmi tant d'autres, "Nobby" Clarke. Il y avait Bennett, le vagabond, qui était toujours prêt à chanter une chanson pour remonter le moral des fatigués en marche ; il y avait un prêteur d'argent juif qui a été tué alors qu'il tentait de sauver un homme blessé qui gisait dans le No Man's Land ; il y avait Phillips, qui avait été reconnu coupable d'homicide involontaire ; il devint brancardier et était connu dans tout le bataillon pour ses soins aux blessés.

Dans chaque régiment, dans chaque armée, vous trouverez un petit groupe d'hommes qui étaient des vagabonds, des mendiants et des voleurs, et, presque sans exception, ils ont « réussi ». Pour la première fois de leur vie, ils ont été acceptés comme membres d'une grande société et non rejetés comme des parias. L'armée les a accueillis, les a disciplinés et leur a enseigné les éléments du respect de soi – une qualité dont ils ignoraient même l'existence avant la guerre.

Il existe un proverbe italien : « Tutto il mondo è paese » qui signifie, dans son sens le plus large, « Le monde entier est gouverné par la même passion et les mêmes qualités ». Autrefois, il fallait un Dickens, puis un Neil Lyons, pour découvrir les qualités des classes criminelles ; maintenant la guerre nous a tous réunis – l'ancien marchand de la ville se réchauffe devant le même brasier que l'homme qui aurait fait ses poches trois ans auparavant – et nous découvrons soudain que nous ne valons pas mieux que le mendiant, et qu'un homme qui a volé les pommes d'un étal n'ont pas plus mauvais cœur que l'habitant de Mayfair.

Ce n'est pas que nos idées de grandeur aient dégénéré lorsque nous appelons ces hommes des héros ; ce n'est pas que la guerre soit entièrement une affaire de mal, de sorte que le criminel brille comme un guerrier – c'est que ces « parias » ont changé. Les statistiques prouvent que la criminalité a diminué depuis le début de la guerre, et que la criminalité continuera à diminuer, car cet instinct indéfinissable que nous appelons le patriotisme s'est emparé de toutes les classes, de sorte que le criminel peut faire le sacrifice suprême aussi magnifiquement que l'homme qui l'a fait. resté droit" toute sa vie.

Et le meilleur, c'est que cette réforme parmi les cambrioleurs et les mendiants n'est pas pour "seulement la durée de la guerre". La guerre nous a fait perdre nos fils et nos pères, elle a apporté un chagrin et des souffrances effroyables dans le monde, mais elle a donné aux très pauvres une chance qu'ils n'avaient jamais eue auparavant. Ils ne sont plus des parias ; ils sont membres de la société et tels ils le resteront. Si c'était tout le bien que la guerre pouvait faire, ce serait quand même notre gain ultime que le grand fléau soit en train de se propager sur le monde.

XIXème

"PONGO" SIMPSON SUR LES OFFICIERS

"Les officiers", a déclaré "Pongo" Simpson, "c'est du rhum, les gars. J'ai une famille de six enfants à la maison, sans compter Emma qui est en service, et je pense que mon officier a plus de mal à s'occuper ni à s'en occuper." tous ces gens réunis. C'est toujours : "Simpson, où sont mes puttes ?" ou "Simpson, tu as cousu ce bouton au mauvais endroit", ou "Simpson, la soupe a le goût du cacao et le cacao a le goût de la soupe" - est-ce qu'on s'attend à ce que je fasse une collection fleurie de cantines ? Ne pensez-vous pas qu'il est préférable d'avoir du cacao qui contient un peu de soupe que d'avoir une gourde qui a été lavée dans une coquille avec un cadavre ? Pourquoi, si nous y allions ? demain à Berlin, je devrais passer toute la nuit à nettoyer mes bottes et mes boutons.

"Oui, c'est un drôle de type, mon officier, mais, mon Dieu!" - et ici Simpson a craché pour mettre l'accent sur sa déclaration - "Je le suivrais contre une foule de 'Uns, ou beaucoup des femmes, qu'est-ce qui attend leur mari, qu'est-ce qui n'arrive pas à trois heures du matin, ou quoi que ce soit d'autre, c'est un type impuissant, et il a de drôles d'idées sur le rasage et la toilette. c'est une sorte de maladie, vous savez, mais c'est une bonne sorte quand on sait qu'il y a peu de moyens.

"Vous souvenez-vous de ce jeune M. Wilkinson ?" » demanda « Pongo », et quelques-uns des « anciens » dans la pirogue acquiescèrent affirmativement. "'Il en était un,' il l'était", reprit "Pongo". "Tu te souviens du jour où on nous a gazés en 1960 ? E était mon pote à l'époque, et j'étais avec lui tout le temps. E était un vrai garçon ! Quand l'essence est passée là-bas, c'était seulement Cinq membres de la Compagnie A sont partis, avec eux à leur tête, et nous savions que les Uns attaqueraient dès qu'ils penseraient que nous étions correctement anéantis. Et M. Wilkinson allait bien dans la tranchée, les gars. des fusils sur le parapet, et les six « vieux bloomins » d'entre nous ont couru de haut en bas de la tranchée comme beaucoup de lapins, tirant fusil après fusil jusqu'à ce que les Alleymans aient dû penser que nous étions un « vieux bataillon ». quand M. Wilkinson ne tirait pas avec des fusils, il faisait fondre des bombes, aussi occupé que cette petite fille derrière le comptoir du journal du samedi soir. Il a dû en envoyer un bon nombre. Nous sommes rentrés ce jour-là avec des morceaux de bombes à l'intérieur.

"Et vous auriez dû voir M. Wilkinson quand le sergent était prêt à céder et à retourner à la deuxième ligne ! Nous avions plus ou moins tout le gaz en nous, et il pouvait difficilement parler, il C'était si grave, mais quand il a entendu le sergent dire « eh bien, il allait rentrer », il a crié comme le colonel lors d'un défilé de bataillon : « Je vous maudis, sergent ! " On a crié : " à quoi ça sert de rentrer ? Nous devons " démolir cette tranchée ou " l'ouvrir ". Si vous n'aimez pas l'air là-bas, montez sur le parapet avec moi. " Et il saute sur le parapet avec le gaz dissipé, et les Fritz à seulement 30 ou 40 mètres.

"'Ça ? Pourquoi, bien sûr, c'était ça. Il riait comme un gamin, qu'est-ce qui vole des pommes - tout excité comme - quand ils l'ont eu en plein dans la tête, et il est tombé sur l'autre du côté du parapet. Mais il avait fait ce qu'il voulait, car le sergent ne parlait plus de rentrer. Il a rampé par-dessus le parapet et a ramené le pauvre M. Wilkinson, et il l'a récupéré. mais cela n'avait pas d'importance pour lui, car il était dehors pour protéger son propre dos, c'était le sergent, et nous gardions cette tranchée fleurie pour encore une heure avant que les gars ne remontent la tranchée de communication pour nous aider. Il y a beaucoup de médailles qui devraient revenir aux gars qui ne les obtiennent pas, et cela aurait pu aider la mère de M. Wilkinson s'ils les avaient données. Je suis le VC, mais il n'y avait pas d'autres officiers dans les parages, et ils ne nous ont pas prêtés attention, les gars.

"En parlant d'Ill 60", dit Bert Potter, "il y avait ce capitaine - je me souviens mal de son nom - vous savez, ce type qui a eu des ennuis à la vieille ferme pour avoir donné une boîte de bœuf de brute à une vache, et la vache est morte le lendemain. J'étais dans sa tranchée avec une mitrailleuse quand j'ai eu un petit morceau de grenade dans la cuisse, et j'ai ri comme si c'était vrai. J'avais une blessure "pépère". Eh bien, j'ai même dit que je pouvais marcher jusqu'au poste de secours, et nous l'avons envié et avons pensé que ce n'était qu'une blessure corporelle. Le lendemain, je suis allé au même hôpital où il se trouvait. Il avait le fémur brisé en morceaux, et ils lui avaient arraché la jambe quand je l'avais vu faible. quand j'étais enfant, j'étais joyeux comme un sparrer, et je jurais seulement parce qu'il n'avait plus rien pour le reste de la guerre, je n'ai jamais entendu ce qui lui arrivait, mais l'infirmière m'a dit : « Comment ils avaient peur ». Il ne s'en remettrait pas à cause d'Emmyridge, ou quelque chose avec un nom comme ça. Et il n'avait pas plus ni vingt et un ans non plus, mec.

"Mais vous ne battrez le médecin officier nulle part", a déclaré Jones, l'un des brancardiers qui étaient de service dans les tranchées. "Nous n'avons pas besoin de nous battre, mais vous devriez le voir quand les choses sont occupées ici. Enlevez vos manches et travaillez pour le nôtre jusqu'à ce que n'importe quel homme qui n'est pas un cheval le fasse. tomber mort. Il s'en prend aux escrocs et aux scrimshankers - c'est le genre de type qui vous donnerait une dose d'huile de ricin pour les maux d'oreilles ou les pieds gelés, mais c'est comme une mère avec les blessés que j'ai vus. Moi aussi, je longeais la tranchée quand le sifflement éclatait tout le long, portant un blessé dans ses bras aussi calmement que si elle était une vieille fille portant un colis le long de Regent Street. "Et puis", a déclaré Jones, en citant le plus grand point en faveur du MO, "'il est le meilleur attaquant par temps pluvieux que jamais."

Juste à ce moment-là, une voix retentit plus haut dans la tranchée. " Simpson, " dit-il, " où diable est ma brosse à dents ? "

"J'arrive, monsieur. Je l'ai", répondit "Pongo" Simpson en sortant une brosse à dents grasse de sa poche. « Eh bien, donne-nous cette gourde remplie d'eau, » dit-il doucement, « J'ai utilisé sa brosse à dents pour graisser ses bottes hier – je ne pensais pas que ça me manquerait, car tu ne sors pas. Ils sont là pour se laver les dents. Ils ont de drôles de manières, ces officiers, quoi qu'il en soit, continua-t-il en essuyant la brosse sur la manche de sa tunique, ce que l'œil ne voit pas, le cœur. ne t'afflige pas. "Je penserai seulement comme" eh bien, c'est l'eau qui est grasse.

"Simpson", fit la voix plus loin dans la tranchée, un instant plus tard, "c'est l'eau la plus grasse que j'ai jamais goûtée. Qu'est-ce que tu lui as fait, je ne sais pas."

<hr>

XX

LA MAIN DE L'OMBRE

"Entrez", dit Margery Debenham en ouvrant paresseusement les yeux sur la lumière du soleil. "Mettez mon thé sur la table, s'il vous plaît, Mary. J'ai encore trop sommeil pour le boire.

"Il y a une lettre du front, mademoiselle", dit Mary avec emphase en sortant de la pièce.

Margery fut réveillée en une seconde. Elle sauta du lit, enfila une robe de chambre et, la lettre à la main, courut à la fenêtre pour la lire au soleil du matin. Comme elle déchirait l'enveloppe et ne trouvait qu'une petite feuille de papier à l'intérieur, elle poussa une petite *moue* de déception, mais les premiers mots de la lettre la transformèrent en un soupir de joie. Il était daté du 13 septembre et disait :

" MON CHÉRI ,

"J'ai enfin obtenu mon congé et je rentre à la maison pour me marier. Nos mois d'attente sont terminés. Je pars d'ici demain après-midi, je passerai la nuit en route quelque part et j'arriverai à Londres tard le 15. , ou dans la matinée du 16, je dois passer la journée en ville pour faire un peu de shopping (je ne pouvais pas très bien être vu à mon propre mariage avec les vêtements que je porte actuellement) et espérer arriver à Silton à Le 17 à 15h20, je dois être de retour dans ce trou le 24, pour que si nous nous marions samedi, nous puissions passer une jolie petite lune de miel, n'est-ce pas trop beau pour être vrai ? je réalise à peine que dans une semaine je serai

"Votre mari dévoué et picoré

RONALD ."

« PS : j'ai écrit à mon père et il prendra toutes les dispositions pour samedi.

"PPS... Dois-je être autorisé à fumer dans le salon ?"

Margery Debenham se penchait par la fenêtre et regardait le jardin et le verger au-delà. La lumière vacillait à travers les arbres du vieux chemin dallé le long duquel elle et Ronald avaient si souvent erré, et elle pouvait à peine voir les hautes herbes onduler au pied du verger, où ils avaient l'habitude de s'asseoir et de discuter de l'avenir. Tout lui rappelait son amant qui revenait vers elle, qui la retrouverait demain après-midi. A la pensée des cinq longs et fatigants mois d'attente qui s'écoulaient et des huit jours de bonheur qui allaient venir, deux petites larmes coulèrent de ses yeux et coulèrent sur ses joues. Elle les repoussa avec impatience, car elle était trop occupée pour pleurer. Elle doit courir et le dire à ses parents ; elle doit se dépêcher pour parler au père de Ronald ; il faut qu'elle écrive à ses amis ; il lui fallait courir au fond du verger et surveiller un moment les truites qui pondaient dans le petit ruisseau ; elle devait rire et chanter jusqu'à ce que tout le village de Silton sache que son attente était terminée et que Ronald était de nouveau en Angleterre.

Le capitaine Ronald Carr hissa son sac sur son épaule et se tourna vers trois officiers qui le regardaient avec envie. " Bravo, les gars, " dit-il, " pensez à moi dans deux jours, pendant que vous serez " mitraillés " par les Huns et que vous vous précipiterez dans la ville en taxi, " et, d'un geste de la main, il se dirigea vers le quartier général du bataillon, suivi de Butler, son serviteur. Depuis le quartier général du bataillon, il lui restait deux milles à parcourir jusqu'au carrefour où il devait rencontrer son palefrenier avec son cheval, mais la journée était chaude et les progrès étaient plutôt lents. Son premier quart de mille s'est déroulé le long d'une tranchée de communication étroite et sinueuse ; après cela, le chemin empruntait une route cachée, mais d'énormes cratères d'obus indiquaient tout au long que l'artillerie allemande l'avait bien marqué.

A droite, un bombardement était en cours, et les coups sourds des canons parvenaient endormis à travers la brume de septembre ; au-dessus de lui, une alouette chantait vigoureusement ; les herbes hautes au bord de la route sentaient bon et luxuriant. Alors que Ronald Carr marchait sur la route, il se moquait de l'équité du monde.

Tout à coup, un obus éclata au-dessus d'arbres à quelques centaines de mètres et, tandis que la fumée blanche s'éloignait, il sentit un changement.

Et s'il se blessait en descendant ! Au prochain signal d'avertissement annonçant l'arrivée d'un obus, il se retrouva à se baisser comme jamais auparavant, car le capitaine Carr n'était pas un homme qui s'accroupissait souvent pour rien.

Un autre obus arrivait, puis un autre, et à chaque fois son sentiment grandissait. C'est exactement ce que doit ressentir une souris, pensa-t-il, lorsqu'un chat joue avec elle. Il avait l'impression d'être à la merci d'un énorme géant, et que, chaque fois qu'il pensait s'échapper, l'ombre d'une main énorme tombait sur le sol autour de lui, et il savait que la main au-dessus attendait de l'écraser. A cette pensée, les cheveux de son front devinrent humides ; À maintes reprises, il réprimait sa folle envie d'accélérer le pas et se surprenait à jeter un coup d'œil furtif à son domestique pour voir s'il remarquait le comportement étrange de son capitaine. Supposons que la main l'écrase avant qu'il puisse retourner en Angleterre, chez lui, à son mariage !

Soudain, il y eut quatre sifflements brefs et forts, et quatre obus éclatèrent le long de la route, juste devant eux.

"Ils fouillent la route. Vite, dans le fossé", cria Carr à son serviteur, en sautant dans une vieille tranchée qui longeait le bord de la route. Butler s'est retourné pour faire de même, a glissé sur le *pavé* et est tombé lourdement, la cheville gravement foulée. Ces sifflements haineux reviendraient avant que l'homme ne puisse se mettre en sécurité, et cette fois, ils seraient probablement plus près et s'échapperaient presque miraculeusement. Le capitaine Carr sauta de nouveau hors de la tranchée et aida son serviteur à se relever.

« Accroche-toi à moi, mec ! et, un instant après, il cria : "En bas, les voici encore !" et ils se jetèrent la face contre terre, à peine à deux pieds du fossé et de leur sécurité probable.

Lorsque Butler releva la tête après les quatre explosions, le capitaine Ronald Carr gisait à ses côtés, mort. La main avait saisi sa proie.

Margery Debenham se tenait devant son miroir, s'apprêtant à aller chercher Ronald par le train de 15 h 20, lorsque M. Carr vint lui annoncer la réception du télégramme du War Office.

Elle n'a pas pu pleurer en apprenant la nouvelle ; elle se sentait abasourdie et vaguement ennuyée par les platitudes de consolation prononcées par les gens. Lorsqu'elle put s'échapper, elle descendit lentement le chemin dallé, où ils se dirigeaient habituellement vers le verger, où l'avenir avait été planifié par deux personnes pleines de la confiance heureuse des jeunes. Elle se jeta dans les hautes herbes au bord du ruisseau et enfouit son visage brûlant dans ses mains.

"Qu'est-ce que tout cela veut dire?" se dit-elle. Puis, une minute plus tard, elle pensa à toutes les autres femmes qui devaient supporter la même douleur, et tout cela sans raison. "Il n'y a pas de Dieu", s'écria-t-elle avec passion. "Personne ne peut m'aider, car Dieu n'existe pas." Jour après jour, nuit après nuit d'attente, et tout cela pour rien. Toutes ces heures d'agonie, où les journaux parlaient de « diversions » sur le front britannique, récompensées par l'agonie suprême, par la perte soudaine de tout espoir. Plus besoin de chercher chaque matin un nom aimé mais redouté dans les listes de victimes ; tout cela était fini maintenant.

Le clapotis d'une truite sauteuse dans la piscine sous le saule éloigna ses pensées de sa douleur pendant une fraction de seconde – juste le temps de permettre aux larmes apaisantes de couler.

"Ô Dieu", murmura-t-elle, "aide-moi à comprendre pourquoi. Aide-moi, Dieu, aide-moi !" et elle éclata en sanglots, le visage enfoncé dans l'herbe longue et fraîche.

XXI

LE VÉTÉRAN

Le vieux Jules Lemaire, ancien sergent au 3e régiment de ligne, leva son verre de vin.

"Bonne chance", dit-il, "et puissiez-vous combattre les démons comme nous l'avons fait en 1870 et 1871, et avec plus de succès aussi."

"Assez de vous et de vos 1870", dit brutalement quelqu'un. "Nous sortons pour gagner là où vous avez perdu ; il n'y aura ni Woerth ni Sedan dans cette guerre. Nous repousserons les Prussiens à Berlin ; vous les laissez marcher sur Paris. Nous allons agir, alors que vous ne pouvez que parler, vous sont beaucoup trop vieux, voyez-vous, Père Lemaire.

L'ancien sergent posa son verre d'un coup sec comme s'il avait été frappé. Il regarda autour de lui la compagnie qui remplissait la salle du Faisan d'Or, et sur les visages des hommes qui l'avaient considéré pendant des années comme le héros de 1870, il ne voyait plus que l'envie de se battre. Il était vieux, oublié et non plus respecté, et le coup fut dur à supporter.

Le nuage de guerre s'élevait de l'est et l'armée française se mobilisait pour la Grande Guerre. Les paysans du village venaient d'être appelés, et d'ici une demi-heure ils seraient en route vers les dépôts de leurs différents régiments, tandis que Jules Lemaire, sergent de ligne, resterait chez lui avec les infirmes et les femmes. et les enfants.

"Je servirai la France aussi bien que n'importe lequel d'entre vous", a-t-il déclaré avec défi. "Je vais trouver un moyen." Mais sa voix restait ignorée dans le tumulte et le bruit général, et Mme Nolan, la seule qui paraissait l'entendre, reniflait avec mépris.

Des hommes destinés à différents régiments se disaient au revoir ; Georges Simon, le forgeron, le bras autour de la taille de sa fiancée, plaisantait avec Mme Nolan, qui se précipitait derrière son petit comptoir de zinc ; la porte claquait bruyamment à chaque départ, et Jules Lemaire restait indifférent dans un coin près de la vieille horloge.

Et bientôt, alors que la pièce de devant était calme et que Madame Nolan utilisait son tablier sale pour essuyer ses larmes, l'ex-sergent sortit tranquillement dans la rue et boitilla jusqu'à sa maison. Il leva le bras et décrocha son vieux fusil Chassepot du mur où il était accroché depuis tant d'années, et tandis que les autres habitants se pressaient sur la route, applaudissant, pleurant, riant, Jules Lemaire était assis devant sa petite table en bois, son fusil à la main. ses mains et une pile de cartouches devant lui.

"Il y aura un moyen", murmura-t-il. "J'aiderai mon pays ; il y aura un moyen."

Les envahisseurs gris déferlaient sur le village et Jules Lemaire, depuis sa cachette sur le clocher de l'église, les regardait arriver avec des larmes de rage impuissante sur les joues. Bataillon après bataillon, ils passèrent – de grands Allemands confiants qui se moquaient des paysans et qui chantaient en marchant péniblement sur le *pavé* . Un jour, alors qu'une compagnie était arrêtée sous lui, tandis que les officiers entraient au Faisan d'Or, de l'autre côté de la route, pour voir ce qu'ils pourraient piller en guise de boissons, l'ex-sergent visa soigneusement le capitaine, mais il mit a baissé son fusil sans tirer.

Enfin, en fin d'après-midi, alors que le crépuscule commençait à cacher les collines du sud, l'attente de Jules Lemaire prit fin. Une grosse automobile s'arrêta devant l'auberge et un général accompagné de trois officiers de son état-major descendit sur la route. Un des officiers étendit une carte sur le vieux banc de la porte, où Jules Lemaire s'était si souvent assis le soir pour raconter ses aventures de guerre, et, pendant qu'un ordonnance allait leur procurer du vin, les quatre Allemands se penchèrent sur le plan du pays qu'ils pensaient conquérir.

Soudain, un coup de feu retentit du clocher de l'église au-dessus d'eux. Le général tomba en avant sur le banc, tandis que son sang et son vin se mêlaient en un ruisseau souillé qui courait sur la carte de la France invincible et coulait sur la poussière en contrebas.

Ils rencontrèrent Jules Lemaire descendant les marches en colimaçon du clocher de l'église, son fusil toujours à la main. Ils l'ont frappé avec la crosse de leur fusil, l'ont attaché avec un morceau de corde de cloche et l'ont calé contre le mur de l'église.

Juste avant de tirer, Jules Lemaire aperçut Mme Nolan, debout, terrifiée et en pleurs, à la porte de l'auberge.

"Tu vois, lui cria-t-il, moi aussi, j'ai aidé mon pays. Je n'étais pas trop vieux après tout."

Et il est mort avec le sourire aux lèvres.

XXII

LA CHANSON CHANTÉE

Dès que le bataillon revient des tranchées vers le village aux premières lueurs du matin, chacun réfléchit aux méthodes qui feront que les quelques jours de repos se déroulent aussi agréablement que la guerre et les divertissements limités qu'offrent deux estaminets et une rangée de cottages le permettra.

"Chacun son goût." Alors qu'il marche dans la rue, le sergent-major de la compagnie B défie le caporal Rogers à un match de boxe le lendemain ; Le sous-lieutenant White, qui est nouveau dans la guerre, est assis dans son cantonnement et, à la lueur d'une bougie enfoncée dans une bouteille, trace la distance jusqu'à la ville la plus proche au cas où il obtiendrait l'autorisation de la visiter ; le médecin demande à sa nouvelle logeuse, dans le français le plus exécrable, où il puisse trouver un terrain propice au « football » ; et le soldat Wilson, tandis qu'il « s'assoupit » sur le sol, suggère d'un ton endormi au soldat Jones qu'il aura soif dans l'après-midi et que le soldat Jones lui doit un verre depuis ce jour à Ouderdom, il y a trois semaines.

Outre ces façons de passer le temps, il y a des bains dans les grandes cuves de brasserie du village, un tournoi de hockey interentreprises qui se joue avec une boîte de confiture Tickler à la place d'une balle et, pour couronner le tout, , il y a le "chanter".

Que ce soit dans une tranchée, ou dans une grange, ou en plein champ où le bataillon bivouaque sous des rangées de bâches imperméables tendues comme des tentes inadéquates, le chant est sûr du succès, et un homme avec une voix comme un La machine à tondre recevra un accueil aussi bon que Caruso ou Melba à Covent Garden. Il y a un régiment territorial français qui a une affiche à l'entrée de son « music-hall » : « Entrée pour Messieurs les Poilus. Prix un sourire ». Admission avec le sourire ! Il n'y a jamais un homme qui se détourne de ses portes, car où est le "poilu" ou où est le "Tommy" qui n'est pas toujours prêt avec un sourire, un rire et une chanson ?

Il y a des petits incidents dans la vie qui restent profondément gravés dans la mémoire. De toutes les chansons auxquelles j'ai assisté, il y en a une qui est encore vivante : le temps a effacé les contours et les bords des autres.

Nous étions logés, je me souviens, dans la ferme d'Eliza. Eliza, pour le bien de ceux qui ne la connaissent pas, est blonde, grosse, cinquante ans et flamande ; une dame qui réveille tout le monde dans la ferme à cinq heures du matin par le simple fait de sortir du lit — lorsque le capitaine a décidé que nous voulions « sortir de nous-mêmes ». "Nous allons chanter une chanson", annonça-t-il.

Le sergent-major de la compagnie fut donc appelé pour prendre des dispositions et, à huit heures du soir, nous nous promenâmes dans les stalles de l'orchestre. La salle de concert était une grande grange avec une double porte au milieu qui avait été grande ouverte pour permettre l'entrée d'une charrette, qui était placée à l'entrée pour servir de scène. Tout autour de la haute grange, perchés de manière précaire sur les poutres, se trouvaient les hommes, tandis que nous, des stalles de l'orchestre, étions installés sur des chaises placées près de la scène. Derrière la charrette se trouvait un décor composé d'Eliza et de ses nombreux amis messieurs, de sa fille, d'une vieille dame âgée d'environ cent ans et d'une vache qui n'avait aucun droit d'être là, mais qui était venue du champ le plus proche pour voir le montrer. Un accompagnement orchestral était assuré, même lors des récitations les plus tristes, par des dizaines de petits cochons qui se précipitaient dans la cour de la ferme et sous la scène. Et au-delà de la ferme se balançaient les grands peupliers qui se dressaient le long de la route qui menait tout droit au loin, d'où sortaient de soudains éclairs de lumière et le long et sourd grondement des canons.

Du programme lui-même, je n'ai qu'un souvenir très vague, car les programmes sont la partie la moins intéressante de ces représentations. Le premier morceau, je me souviens, était une terrible chanson sentimentale du soldat Higgs qui, par accident, est passée d'un échec relatif à un succès retentissant. Au moment où il interprétait le passage le plus touchant, le soldat Higgs recula trop, la charrette - du type à deux roues - fut déséquilibrée, et le triste chanteur fut déposé parmi les petits cochons en contrebas, à la grande joie de la foule.

Vint ensuite un humoriste de Cockney qui, en temps de paix, était propriétaire d'un barrow de fish and chips frits dans cette maison de comédiens bas de gamme : l'East End. Après lui apparut le sergent Andrews, déguisé dans l'une des jupes abandonnées d'Eliza, avec une mèche de paille sur la tête pour représenter les cheveux d'une dame. Une chanson vulgaire qu'il chantait d'une voix de fausset perçante qui provoqua une grande consternation parmi les cochons, encore peu habitués aux caprices du soldat britannique.

Après l'entracte, pendant lequel le public faisait *en masse* un pèlerinage à la porte arrière d'Eliza pour acheter de la bière à un sou le verre, vint le mélange habituel de vulgaire et de sentimental, car rien au monde n'est plus sentimental qu'un soldat. Il y a eu l'inévitable « Belle image dans un beau cadre doré » et une récitation en yiddish qui a été bien applaudie simplement parce que personne n'avait la moindre idée de ce dont il s'agissait. Le sergent-major a donné une interprétation très honorable du « Loch Lomond » avec une voix qui terrifierait une recrue, et nous avons terminé la soirée avec une chanson demandant à un certain vilain garçon de lui tendre la main, qui a été criée par tout le monde avec tant de force. tant de vigueur qu'on se demandait comment les hommes pouvaient encore chanter "God save the King" le moment venu.

Et jusque tard dans la nuit, alors que la cour de ferme était immobile et fantomatique et que les cochons étaient allés se coucher, nous restions assis et discutions dans le « mess des officiers », et nous rappelions les blagues de George Robey et de Harry Tate, ou fredonnions par-dessus le des airs que nous avions entendus lors du dernier concert du Queen's Hall. Comme l'avait dit le Capitaine, nous voulions « sortir de nous-mêmes », et il suffisait pour cela d'un concert improvisé dans une vieille grange flamande.

XXIII

LE « STRAFE » QUI A ÉCHOUÉ

Il existe en France une certaine batterie où le nom d'Archibald Smith fait paraître un air renfrogné sur chaque front et un serment sur chaque bouche. Le major de batterie cramoisi encore de colère à la pensée de lui, et l'officier observateur se souvient amèrement des longues et inconfortables heures qu'il a passées, perché dans un arbre à une centaine de mètres des lignes allemandes. Et c'est ainsi qu'Archibald Smith fut la cause involontaire de tant de colère contre la batterie et le sauveur de nombreuses vies allemandes.

Un matin, peu avant l'aube, le commandant d'un régiment d'infanterie descendait à gué une tranchée communicante, lorsqu'il rencontra un officier d'artillerie accompagné de trois hommes munis d'un gros rouleau de fil téléphonique.

"Bonjour, qu'est-ce que tu fais à cette heure ?" Il a demandé.

"Nous espérons réussir un bon mitraillage, monsieur", a déclaré le subalterne. "Je viens observer. Un aviateur a découvert que frère Boche fait sa relève de jour dans les tranchées d'en face. Nous espérons avoir la relève aujourd'hui à dix heures."

"D'où vas-tu observer ?"

"Il y a un vieux poste de tireur d'élite dans l'un des arbres juste derrière vos tranchées. Si j'y monte avant le lever du jour, j'aurai une vue imprenable et je ne serai probablement pas repéré. C'est pourquoi j'y monte maintenant, avant qu'il ne se fasse remarquer. devient léger."

"Eh bien, tu vas rester sur ce foutu perchoir jusqu'à dix heures ?" » demanda le commandant. « Vous feriez mieux de venir d'abord prendre un petit-déjeuner avec nous.

Mais l'officier observateur connaissait la nécessité d'arriver à son poste le plus tôt possible et, refusant à contrecœur l'invitation du colonel, il poursuivit son chemin. Dix minutes plus tard, il gisait de tout son long sur une plate-forme construite dans l'un des arbres juste derrière la ligne de tir. A l'aide de ses lunettes, il scruta les sacs de sable allemands et, dans la lumière grandissante, repéra une large tranchée communicante serpentant vers l'arrière. "Une fois qu'ils seront dans ce caniveau", murmura-t-il, "nous en aurons beaucoup", et il laissa cette pensée le fortifier pendant sa longue attente.

« Bien sûr que le téléphone va bien ? » a demandé l'officier observateur pour la cinquantième fois. "Si ce fil devait mal tourner, nous n'aurions aucun moyen d'accéder à la batterie, car l'infanterie ne peut y accéder qu'en téléphonant d'abord au quartier général de la brigade, et vous savez ce que cela signifie."

L'intendant du téléphone, situé dans une tranchée presque sous l'arbre de l'observateur, sourit d'un air consolateur : « Tout va bien, monsieur », dit-il. "Je peux recharger la batterie en une seconde lorsque les 'Uns arrivent, comme ils devraient le faire en une minute."

Il avait à peine parlé quand ils arrivèrent. Les subalternes pouvaient les voir très distinctement aux détours de la tranchée, et à d'autres moments, une tête ou un fusil apparaissait de temps en temps. "Dieu!" dit le subalterne, "si nous fouillons cette tranchée avec des éclats d'obus, nous en aurons des tas", et il donna un ordre précipité. Tremblant d'excitation, il attendit le rapport « Je viens de tirer, monsieur », mais rien ne se produisit. L'infirmier a appelé et appelé la batterie, mais il n'y a eu aucune réponse. Le fil a été coupé !

Une demi-heure plus tard, le major de batterie croisa son officier observateur et un sergent qui regardaient d'un air lugubre deux extrémités de fil coupé.

"Je venais juste voir ce qui se passait. J'ai entendu dire par la Brigade qu'un idiot gâteux a coupé notre fil. Qui diable était-ce ?"

"Je ne sais pas, monsieur. Tout ce que je sais, c'est que j'ai vu une cible merveilleuse et que je n'ai pas pu tirer dessus. Les secours sont maintenant terminés et, alors que nous quittons ce secteur ce soir, nous" J'ai perdu une chance inestimable.

"Ce doit être un misérable chasseur d'infanterie", dit le major. "Je vais juste aller parler à leur commandant", et il se précipita vers la pirogue du colonel, laissant l'Observer se lamenter sur sa cible perdue.

Le commandant sourit d'une manière apaisante. « Mon cher Wilson, dit-il au major, je ne pense pas qu'il puisse s'agir d'un de nos hommes. Ils ont été si souvent prévenus. Qu'en dites-vous, Richards ? » demanda-t-il à l'adjudant.

"Eh bien, monsieur, je ne suis pas sûr. J'ai vu ce jeune homme Smith avec un fil il y a environ une demi-heure, mais je ne m'attends pas à ce qu'il l'ait fait. Je vais l'envoyer chercher pour m'en assurer."

Le sous-lieutenant Archibald Smith avait certainement l'air assez inoffensif. Il était mince et couvert de taches de rousseur, et ses grands yeux bleus regardaient avec attrait à travers ses lunettes.

"Où as-tu trouvé ce fil que tu avais tout à l'heure ?" demanda l'adjudant.

Smith rayonna. "Je l'ai eu juste derrière le bois, monsieur. Il y a beaucoup de vieux wi..." mais le major l'interrompit. "C'est l'endroit idéal", s'écria-t-il avec enthousiasme. "Eh bien, pourquoi diable as-tu coupé mon fil ?"

Archibald Smith le regardait avec une fascination alarmée. "Je ne pensais pas que c'était bon, monsieur. Je voulais de la ficelle, et..."

"Pourquoi voulais-tu de la ficelle ? Allais-tu te pendre au toit de ta pirogue ?"

"Non, monsieur. Je voulais emballer un colis à envoyer à la maison, monsieur. Je voulais renvoyer des chaussettes et des sous-vêtements à raccommoder. Je suis vraiment désolé, monsieur."

"Désolé ? Désolé, bon sang, et tes sous-vêtements aussi !" Et le major de batterie, qui disposait de plus de grossièretés que la plupart des hommes de l'armée, oublia pour une fois qu'il était en présence d'un officier supérieur.

Tandis que le major, son subalterne et trois hommes armés d'un rouleau de fil de fer remontaient péniblement vers la batterie, Archibald Smith, surpris et blessé, était assis dans sa pirogue, s'amusant à faire de féroces coups de baïonnette sur son colis, et souhaitant alternativement que ce soit le major ou lui-même.

XXIV

LA ROUTE NUITIÈRE

Je le jure et me frotte les yeux.

« Crépuscule, monsieur », dit le sergent-major avec un sourire de compréhension, et il laisse tomber la bâche imperméable qui fait office de porte à ma pirogue. Je bâille prodigieusement, me lève lentement de mon lit – l'un des deux talus de terre qui s'étendent parallèlement de chaque côté de ma masure boueuse, un peu à la manière des sièges de chaque côté d'un omnibus – et sors dans la tranchée le long de laquelle le commandement « Prenez les armes » vient d'être passé. Les hommes déposent leurs lettres et leurs journaux ; Le soldat Webb, qui gagnait sa vie en temps de paix en dessinant pour des catalogues de mode des dames minces et allongées, plus ou moins déshabillées, laisse de côté son portrait du sergent, qui sourit toujours avec extase devant une boîte de chlorure de chaux ; les dormeurs obstinés sont réveillés par un grand flot de gros mots, et tous se lèvent dans les bras dans la possibilité d'une attaque.

C'est un temps monotone que cette heure d'attente jusqu'à la tombée de la nuit, car les commérages sont rares dans les tranchées, et les feux d'artifice en forme d'obus étoilés allemands ne nous intéressent plus depuis longtemps, sauf dans les moments où nous sommes en plein cœur. devant notre tranchée lors d'une patrouille. A gauche, là où l'artillerie s'est occupée toute la journée, les bombardements se ralentissent à mesure que la lumière diminue, et les coups de fusil deviennent de plus en plus fréquents. Bientôt, les sentinelles supplémentaires sont postées – un homme sur trois –, les équipes de travail dégoûtées sont envoyées à leur travail de remplissage des sacs de sable ou d'amélioration des tranchées de communication, et la longue et éprouvante nuit commence.

Tout au long de la ligne, les balles allemandes tournent au-dessus de nous ou claquent comme des fouets contre nos sacs de sable, envoyant de petites mottes de terre dans la tranchée ; tout au long de la ligne, nous nous tenons sur nos plates-formes de tir et répondons aux petits jets de flammes qui marquent la tranchée ennemie ; des éclairs et des explosions soudains évoquent des bombes ou des grenades, et des obus étoilés des deux côtés balayent haut dans les airs pour silhouetter les imprudents et leur donner un objet sur lequel tirer, pour tirer dans l'obscurité avec la probabilité de ne toucher rien de plus dangereux qu'un arbre. ou un sac de sable est une œuvre de peu d'intérêt.

J'erre dans mes rondes pour constater que toutes les sentinelles sont en alerte et, tout à coup, je manque de tomber sur un homme couché face contre terre au fond de la tranchée. "Ici, vous ne pouvez pas dormir ici, vous savez; vous ne donnez à personne la chance de passer", dis-je, et, en guise de réponse, on me dit de "tais-toi", tandis qu'un rire étouffé mais toujours audible du soldat Harris me prévient que la situation n'est pas celle que j'avais imaginée. La silhouette dans la boue se lève et s'avère être un officier du génie, à l'écoute des bruits de mines en dessous de nous. "Je pense qu'ils recommencent, mais je n'en suis pas encore sûr", dit-il joyeusement en se dirigeant vers sa propre pirogue. Moi, à mon tour, je m'allonge dans la boue, l'oreille collée au sol, et il me semble entendre, loin en dessous de moi, le grondement des chariots et le bruit de la pioche, de sorte que je reste pour le reste du voyage. nuit dans l'attente inconfortable de voler vers le ciel à tout moment.

Un bourdonnement de voix qui m'arrive alors que je reviens d'une visite à un groupe de travail m'informe que le seul grand événement de la nuit a eu lieu : les rations et le courrier sont arrivés et ont été « déversés » par le groupe de transport dans un petite tranchée latérale. Avant que j'arrive sur place, un homme se précipite vers moi : « S'il vous plaît, monsieur, dit-il, le jeune Denham a été touché par une grenade à fusil. Il est très mal. Au moment où je passe devant la tranchée latérale, j'entends le sergent qui délivre les lettres appeler : « Denham. Une lettre pour le jeune Denham », et quelqu'un dit : « Je vais la lui apporter, sergent, il est dans ma section. "
Mais la lettre est arrivée trop tard, car lorsque j'arrive à l'autre bout de la tranchée, Denham est mort, et un caporal fouille soigneusement ses poches à la recherche de ses lettres et de l'argent à remettre au commandant du peloton. Ils l'ont porté près du brasier pour s'éclairer, et les flammes se reflètent sur la peau blanche de sa gorge, là où sa tunique a été déchirée, et il y a une vilaine tache noire sur le bandage qui a été grossièrement noué autour de lui. Un homme sur des millions, c'est vrai, mais une lettre de plus envoyée à la maison avec ce terrible « Tué » écrit dessus, et une mère de plus pleurant son unique enfant.
Et voilà, la nuit avance. Maintenant c'est une accalmie, et les sentinelles, debout sur les plates-formes d'incendie, laissent tomber leurs lourdes paupières dans un moment de sommeil ; maintenant, une soudaine rafale de tirs intenses court le long de la ligne, et chacun se précipite sur son fusil, tandis que les obus étoilés montent par dizaines ; maintenant, un énorme grondement au loin nous annonce qu'une mine a été tirée, et nous nous demandons sourdement qui l'a tirée et combien ont été tués - seulement bêtement, car la mort a depuis longtemps cessé de signifier quoi que ce soit pour nous, et pour nos pouvoirs de réalisation. et dommage, Dieu merci ! ont été émoussés jusqu'à ce que les seules choses qui comptent soient la nourriture et le sommeil.
Enfin l'ordre de prendre les armes est de nouveau donné, et le nouveau jour arrive tristement sur la plaine des Flandres. Ce qui ressemblait à une grande main tendue vers le ciel, devient un arbre brisé et brisé ; le voile uniforme de gris cède la place à l'herbe et aux boîtes de conserve vides, aux cadavres entassés de manière grotesque et aux lignes sinueuses de tranchées

allemandes. Le ciel devient légèrement bleu et le soleil apparaît, brillant sur les gouttes de pluie qui pendent encore de nos barbelés et sur la longue rangée de baïonnettes le long de la tranchée.

Le nouveau jour est là, mais qu'apportera-t-il ? La monotonie peut être rompue par une attaque, le bataillon peut être relevé. Qui sait? Qui s'en soucie? Il suffit que le jour soit là et que le soleil brille, que les périscopes et le sommeil soient à nouveau autorisés, que le déjeuner soit à portée de main et qu'un jour nous retournerons au logement.

XXV

JOHN WILLIAMS, TRAMP ET SOLDAT

Par une soirée humide et triste de septembre 1914, John Williams, vagabond, était assis au bar du Golden Lion et regardait avec regret la chope devant lui, qui devait nécessairement rester vide, vu qu'il venait de dépenser son dernier sou. Un sergent recruteur est venu à lui.

"Tu veux un verre, mon pote ?" Il a demandé.

John Williams n'a pas hésité.

"Vous devriez être dans l'armée", dit le sergent en posant sa chope vide, "un beau corps d'homme comme vous. C'est la meilleure vie qui soit."

"Je ne suis pas si sûr que je voudrais être un sojer. Je suis un homme indépendant."

— C'est une belle vie pour un homme en bonne santé, reprit le sergent. "Nous en reparlerons", et il commanda un autre verre chacun.

John Williams, qui en avait plus qu'assez avant que le sergent ne lui parle, regardait d'un air brumeux sa nouvelle connaissance. "Il semble que tu as beaucoup d'argent à dépenser."

Le sergent éclata de rire. "C'est la solde de l'armée, mon pote, tout comme ça. J'ai une vie belle et facile, de bons vêtements et de la bonne nourriture, et beaucoup d'argent pour mon verre de bière. Où as-tu dormi la nuit dernière ?" » demanda-t-il soudain.

"Si je me souviens bien", a déclaré John Williams, "c'était dans une grange qui fuyait, du côté de Newton."

"Où vas-tu dormir cette nuit ?" demanda encore le sergent.

Williams se souvint de sa poche vide. "Je ne sais pas", dit-il avec regret. "Très probablement sur un siège dans le parc."

"Eh bien, viens avec moi, et tu auras une barrique confortable pour dormir, une vie comme tu l'aimes, et un bob par jour à consacrer à toi-même."

John Williams écoutait le bruit de la pluie dehors. Pour son cerveau perplexe, l'idée d'une « caserne confortable » était très, très tentante. «Blâme-moi si je ne viens pas avec toi», dit-il enfin.

En temps de guerre, un examen médical est bientôt terminé et une attestation remplie. "Il n'y a rien de mal chez vous, mon homme", dit le médecin, "sauf que vous êtes à moitié ivre."

"Je n'ai pas été ivre, monsieur", protesta Williams d'un ton endormi.

"De toute façon, nous vous prendrons au mot", dit le médecin. "Vous êtes un homme trop bon physiquement pour perdre pour l'armée."

C'est ainsi que John Williams prit le shilling du roi et jura de servir son pays comme le doit un soldat.

L'une des choses les plus merveilleuses de l'armée britannique est la façon dont les recrues sont progressivement transformées en soldats. Il y a des milliers d'hommes qui combattent sur nos différents fronts et qui, il y a un an, détestaient l'idée de discipline et d'ordre ; ils font désormais partie des meilleurs soldats que nous ayons. Mais il y a des exceptions : le soldat John Williams en faisait partie. En un peu plus d'un an de service militaire, il s'était absenté sans permission pas moins de onze fois, et les diverses punitions qui lui étaient infligées n'avaient manifestement pas réussi à lui faire perdre son habitude. À tous égards, sauf un, il était un bon soldat, mais, quoi qu'elle veuille, l'armée ne pouvait pas lui faire comprendre la folie des désertions répétées ; la vie dans l'armée n'est pas la vie d'un homme qui a la soif errante de plusieurs siècles dans le sang. Williams avait tout l'amour des bohémiens pour l'errance et la solitude, et même la menace de la peine de mort ne guérira pas un homme de cela.

C'est ainsi que John Williams s'est assis devant son cantonnement, un soir de septembre, et a observé la route de craie blanche qui traversait la colline en direction d'Amiens. Après le pays plat et cultivé des Flandres, les collines appelaient avec une insistance sans précédent, et l'idée de passer les deux jours restants avant que le bataillon ne regagne les tranchées en compagnie de soixante autres hommes dans une grange devenait de plus en plus odieuse. S'il devait partir ne serait-ce que vingt-quatre heures, il ne recevrait probablement au retour que quelques jours de punition sur le terrain, ce qui, après tout, n'était pas si grave quand on s'y était habitué. Il en avait marre de la vie d'un soldat, marre d'obéir à des officiers de la moitié de son âge, marre de recevoir l'ordre de faire des choses qui lui semblaient insensées ; il serait débarrassé de tout cela pendant vingt-quatre heures.

John Williams se rendit au seul magasin du village pour acheter de la nourriture, avec l'aide de cinquante centimes et d'une merveilleuse Lingua Franca qui lui était propre, et lorsque ses compagnons se rassemblèrent dans leur cantonnement ce soir-là, il était déjà loin sur la route. Il marchait vite dans la soirée calme de septembre, et tout en marchant il chantait, et les bois résonnaient des chants étranges que les bohémiens se chantent la nuit accroupis devant leur feu. Lorsqu'il s'arrêta enfin, il trouva bientôt le sommeil et resta blotti dans son manteau au pied d'un peuplier, jusqu'à ce que l'aube le réveille.

Tout au long de la journée d'été, il marcha, son sang rom chantant dans ses veines au contact de l'herbe sous ses pieds, et le soir, il se promenait avec contentement à travers le village jusqu'à son cantonnement. Soudain, une sentinelle interpella : "'Alt ! qui va là-bas ?"

"Downshires", fut la réponse.

"Eh bien, qu'est-ce que tu fous ici ?"

"Je retourne à mon régiment."

"Eh bien, votre régiment est dans les tranchées. Ils nous ont relevés soudainement comme hier soir, à cause de notre dépeçage. Vous voyez, les Allemands nous ont attaqués et ont tué bon nombre de nos gars avant que nous les chassions à nouveau, alors les Downshires " Et pour venir nous relever tard ; vers onze heures, ils ont dû partir d'ici, qu'est-ce que tu fais, maintenant ?" a-t-il demandé en plaisantant. "Es-tu un déserteur fleuri, qu'est-ce qui vient pour être arrêté ?" Mais il posait la question à vide, car Williams revenait sur ses pas avec un doublé régulier.

"Il me semble que ce type va s'attirer des ennuis", dit la sentinelle des Westford en crachant de dégoût. Puis il oublia tout cela et se demanda à quoi devait ressembler le bar du Cheval et de la Charrue en ce moment.

John Williams savait qu'il avait brûlé ses bateaux et il est devenu un véritable déserteur. Pendant plusieurs semaines, il resta en liberté, et chaque jour rendait plus difficile à entretenir l'idée de se rendre de son propre gré ; mais il fut finalement distingué parmi les nombreux hommes qui erraient derrière la ligne de tir et placé sous une garde qui mettait hors de question tout espoir de fuite. Même la soif d'errance dans son sang de gitan ne pouvait pas remettre ses pieds sur la large route de craie, ni lui donner une nuit de plus de liberté.

« Il pourrait être condamné à une longue peine d'emprisonnement, n'est-ce pas, monsieur ? » a demandé le membre junior de la cour martiale. "Il ne pouvait pas se douter que son régiment avait été soudainement averti des tranchées lorsqu'il avait déserté. En outre, cet homme était un vagabond, et il doit être extrêmement difficile pour un homme qui a mené une vie errante de s'habituer à la discipline. Ce doit être dans son sang de déserter." Et il rougit légèrement, car il avait l'air sentimental, et il y a peu de place pour le sentiment dans une armée en service actif.

Le président de la Cour était un major qui aimait son feu chaleureux et ses draps en lin qui, avec les éléments de discipline et de guerre, occupaient la plupart de ses pensées. « Je crains que vous n'oubliiez, » dit-il avec un peu d'irritation, « que c'est la douzième fois que cet homme s'enfuit. Je n'ai jamais entendu parler d'un cas pareil de ma vie. En outre, à cette occasion, il a été averti que les Downshires était dans les tranchées par la sentinelle des Westford, et, au lieu de se rendre, il s'est délibérément retourné et s'est enfui, de sorte que l'excuse de l'ignorance ne tient pas la route. Que cet homme était un vagabond est, à mon avis, aucune excuse non plus : l'armée n'est pas une maison de repos pour vagabonds fatigués, cet homme est un véritable canaille.

Alors le membre le plus jeune, craignant de paraître sentimental et peu militaire, a timidement suggéré la condamnation à mort, à laquelle les deux autres ont accepté.

"Il faut faire de ces gars-là un exemple. Il y a beaucoup trop de cas de désertion", dit le major en allumant sa pipe et en se précipitant vers son thé.

Ainsi se termina la carrière du No. 1234 Pte. John Williams, ancien vagabond de l'ouest de l'Angleterre, oublié et méprisé.

Le matin après avoir été abattu, son sergent de peloton s'est assis devant un brasero et a parlé à un caporal. "'Ce n'est pas une perte florissante, ce n'est pas le cas. Cela m'a donné trop de problèmes, et j'en ai eu assez de devoir signaler mon absence. Cela sert bien à me blâmer, c'est ce que je dire."

Le caporal sirotait son thé dans une gourde extrêmement sale. "Eh bien," dit-il enfin, "je crois que le pauvre diable ne trouve pas aussi chaud là où il est allé qu'ici. Je l'ai bien aimé, même s'il était un peu libre avec lui. poings, et je rêve toujours", ce qui était probablement la seule appréciation jamais prononcée à la mémoire de John Williams, vagabond et soldat.

XXVI

LA MAISON D'ÉCHANGE

Vous récupérez vos affaires, vous vous étirez et bâillez, vous vous frottez les yeux pour les débarrasser du sommeil - et accessoirement vous laissez de grandes marques noires sur votre visage - vous avez du mal à monter sur votre matériel dans un wagon crasseux de seconde classe où se trouvent trois autres les officiers ont du mal à enfiler leur équipement et agitent leurs bras comme les voiles d'un moulin à vent. Ensuite, vous obtenez une demi-fenêtre et regardez dehors pendant que le train rampe autour de la périphérie de la ville, qui reste immobile et tranquille au crépuscule du matin. Vous êtes arrivé à destination, vous êtes à la base.

Cette vieille ville pittoresque, avec ses rues qui remontent la colline depuis la rivière, avec ses belles flèches et ses vieilles maisons étranges, est le grand centre de compensation de l'armée britannique. Ici arrivent les nouvelles troupes ; ici ils partent pour le front ; ici, boueux et blessés, ils sont transportés en chars à bancs et en ambulances de la gare aux hôpitaux ; ici, ils sont conduits jusqu'au bord du fleuve et transportés sur les navires-hôpitaux à destination de l'Angleterre.

Et ce gigantesque centre d'information bourdonne de soldats en kaki. Il y a les hôtels où les généraux et les officiers d'état-major prennent le thé ; il y a les cafés hantés par les subalternes ; il y a des petits "Débits de Vins" où les "Tommies" vont expliquer, en anglais "pidgin", qu'ils meurent d'envie de verres de bière. Dans toutes les rues passent de gros camions chargés de soldats noircis descendus sur le quai, déchargeant des obus, de la nourriture, du foin, de l'huile, tout ce qui peut être nécessaire au corps expéditionnaire britannique. Et, dans les deux artères principales d'un après-midi, coule une foule incessante : généraux et soldats, Français et Français, officiers cherchant dans les magasins des commodités pour prendre la ligne, des gens se faufilant au milieu de la foule, et des gens se promenant au gré de la marée, avec l'intention de saisir tout ce qu'ils peuvent de plaisir et d'amusement pendant qu'ils en ont l'occasion.

Et il y a quelques années, ces mêmes rues dormaient au soleil, rêvant des jours de splendeur lointains. Sur la place devant la magnifique cathédrale, le calme régnerait : ici et là, peut-être, un pigeon descendrait des rebords et des corniches de la façade gothique en voletant ; parfois, un chien indéfinissable levait une tête paresseuse pour attaquer les mouches ; Parfois, les rues renvoyaient un écho nasillard lorsqu'un groupe de touristes américains, avec leurs Baedekers et leurs cartes, se précipitaient pour « faire » la ville avant le départ du prochain train pour Paris – au-delà... rien.

Aujourd'hui, au petit matin, la Base semble presque avoir retombé dans son sommeil d'antan. Pour l'instant, le travail de la journée n'a pas encore commencé et la ville entière semble s'agiter d'un air endormi tandis que les freins hurlants arrêtent votre train. Lorsque vous descendez de la voiture en titubant, la seule personne vivante sur place semble être une sentinelle, qui va et vient au loin, gardant quelques camions vides et un énorme tas de bottes de paille.

C'est un peu décevant, cette arrivée à la Base, car il n'y a même pas de véritable gare en vue ; vous avez été amené, comme tant de moutons ou de vaches, dans la triste gare de marchandises, et vous cherchez en vain les gens qui devraient être là pour vous accueillir, vous jeter des fleurs et vous applaudir lorsque vous arrivez à la première halte de votre voyage. grande Odyssée. Cependant, vous vous secouez, vous déposez votre valise hors du wagon et vous vous dirigez vers la voie ferrée avec vos défunts compagnons de wagon et vous vous dirigez vers la sentinelle et ses bottes de paille.

"Pouvez-vous nous dire où se trouve l'officier des transports ferroviaires ?" tu demandes. "Nous avons l'ordre de lui faire rapport dès que possible."

"Oui, monsieur, ils ont toujours reçu ces ordres, mais vous ne le trouverez pas avant neuf heures et demie. Le bureau est là-bas, dans ces immeubles." Et un subalterne du bureau vous donne la même information : il est maintenant cinq heures et le RTO qui a vos ordres de mouvement ne sera pas là avant quatre heures et demie. « Allez faire un tour dans la ville », propose le subalterne.

L'idée de « faire le tour d'une ville » à cinq heures du matin ! Vous vous affalez sur le pont et déambulez dans les rues vides jusqu'à ce qu'un hôtel apparaisse devant vous. Vous êtes très fatigué, très sale et très mal rasé. Instinctivement, vous vous arrêtez et sentez votre menton. "Je ne sais pas quand nous prendrons un autre bain", suggère l'un des invités, et il va sonner. Pendant dix minutes, vous sonnez, puis la porte est ouverte par un porteur à moitié vêtu, très fatigué, très sale et très mal rasé. Il vous regarde, puis vous fait signe d'entrer, après quoi il s'enfuit et vous laisse dans un couloir en compagnie d'une pelle à poussière, d'une brosse et d'une pile de chaises poussées dans un coin – pas de bienvenue ni de fleurs.

Mais bientôt, il y a du bruit dans l'escalier, et une femme grosse et plantureuse, au visage joyeux et au chemisier défait dans le dos, fait son apparition. Ah oui, messieurs les Officiers peuvent prendre un bain — pour deux francs, serviette comprise ; et ils peuvent prendre le petit déjeuner — pour trois francs et demi, y compris « ze English marmalade » et « un œuf à la coque » (ce qui fait se demander si elle parle d'un œuf de coq, et si oui, de quoi s'agit-il ?) c'est possible). « C'est un bon bain, vous dit-elle, et toujours plein de Messieurs les Anglais, qui oublient la guerre et ne pensent qu'aux bains et au football. Non, il n'y a qu'un bain, mais les officiers d'ozer peuvent attendre. ", et elle emmène l'un des membres du groupe dans les couloirs sombres et dans les escaliers sombres.

Le petit-déjeuner et une lessive font des merveilles, et vous restez toujours de bonne humeur lorsque le RTO vous annonce à neuf heures et demie que votre camp est à trois miles de là, que vous ne verrez peut-être pas votre valise pendant des jours à moins que vous ne preniez un « taxi », et que là il n'y a que trois "taxis" dans la ville. Vous vous promenez à sa recherche toute la matinée, vous les trouvez tous les trois cachés ensemble dans une petite rue, vous regroupez vos valises en une seule et arrivez au camp juste à temps pour le déjeuner.

C'est une vie étrange, cette vie à la Base – c'est comme la vie sur une « île » dans une artère de Londres, avec la circulation qui passe de chaque côté. Toute la journée, il y a des hommes qui arrivent pour aller au front, toute la journée, il y a des hommes qui reviennent pour l'Angleterre. Pendant une semaine, vous vivez sur cette « île », équipant les hommes pour la chasse à l'air toute la matinée – car la plupart d'entre eux semblent avoir jeté une partie de leur équipement à la mer en chemin – et assis dans les cafés le soir, buvant d'étranges mélanges. de vins et de sirops et d'eau gazeuse.

Puis, un jour, le colonel vous fait venir. Votre tour est venu de vous lancer dans ce voyage qui n'aura peut-être pas de retour. "Vous vous dirigerez vers le front par le train de quatre heures cet après-midi", dit-il. "Vous avez pour instruction de diriger un groupe de 100 Northshire Highlanders, qui sont dans le camp 'S', qui se trouve là-bas," et il agite vaguement la main en direction de la machine à écrire dans le coin de la pièce.

Ce sont vos instructions, et, après une chasse prolongée au camp « S », vous marchez vers la gare à la tête d'une centaine d'Écossais dont vous ne comprenez aucun. À la gare, vous faites un grand spectacle de rôles nominaux et d'ordres de mouvement, et vous finissez par emballer vos Highlanders en toute sécurité dans leurs compartiments sous l'injonction stricte de ne pas quitter le train sans vos ordres.

Vient maintenant le moment de veiller à votre propre confort. Si vous vous êtes « levé » avant d'avoir appris qu'il est sage de se promener en ville pour prendre votre dernier vrai thé et de ne pas revenir avant six heures, heure à laquelle le train envisage de sortir à contrecœur de la gare. la gare. Si, en votre absence, quelqu'un d'autre a tenté de s'installer dans votre compartiment, pourvu que son rang ne soit pas supérieur au vôtre, vous vous en débarrassez soit en mentant vigoureusement, soit en usant d'un peu de force. Ainsi, si vous êtes chanceux, bon menteur ou homme musclé, vous pourrez garder le carrosse pour vous, votre ami particulier, vos affaires et vos provisions (qui durent, sous forme de bouteilles, ne nécessitent pas de petit espace).

Tout au long de la file, des enfants agitent leurs mains sales et crient de manière monotone : « Souvenir biskeet, souvenir bully biff », et vous leur jetez sans tarder leurs souvenirs, car aucun homme ne part à la guerre sans un stock abondant de provisions plus intéressantes. pour garder le moral. Tout au long du train, en désobéissance aux ordres, les portes des wagons sont ouvertes, et des « Tommies », des « Jocks », et des « Pats » sont assis sur les marchepieds, chantant, criant, riant.

Ceci, jusqu'à la tombée de la nuit. Puis, une à une, les portières se ferment et les hommes se mettent à dormir. Ici et là, peut-être, il y a un homme qui reste éveillé, se demandant ce que l'avenir lui réserve, comment sa femme et ses enfants s'en sortiront s'il est tué, et combien de ces hommes, qui se prélassent dans des attitudes grotesques tout autour de lui. , reviendra un jour sur toute la ligne. À la lumière du jour, l'excitation chasse ces pensées – il y a des chansons à chanter et des sites à voir – mais alors que le train avance à toute vitesse dans la nuit, il semble y avoir un sentiment de peur indéfinissable. Qu'est-ce que ça va être d'être bombardé, de se battre, de mourir ?

Le matin ramène à nouveau la gaieté. Il y a des haltes à Boulogne et à Calais ; il faut obtenir des nouvelles des sentinelles anglaises et des fonctionnaires des chemins de fer français ; il y a, en un seul endroit, un train de prisonniers allemands ; il y a de longues haltes dans de petites gares où l'on peut se procurer de l'eau chaude pendant que le train OC discute de la vie avec le RTO ; il y a mille et une choses qui vous rappellent que vous êtes en zone de guerre, bien que le pays soit paisible, et que vous cherchez en vain des trous d'obus et des maisons en ruine.

Enfin, on atteint la tête de ligne — d'ici on entend le grondement des canons — et le détrainement a lieu. Vous déposez vos Highlanders à côté du train, vous secouez votre sac dans un vain effort pour le faire pendre confortablement, un coup de sifflet retentit et vous commencez votre longue marche vers votre régiment, vers ces canons sourds et marmonnants, à votre premier coup d'oeil de guerre.

Une blessure "pépère", un long et douloureux voyage en ambulance motorisée, une nuit angoissante dans un hôpital de dégagement, où les gémissements des mourants, la précipitation des infirmiers et votre propre douleur se combinent dans un cauchemar d'horreur. , et le lendemain matin, vous êtes de nouveau dans le train : vous retournez à la Base. Mais comme cela est différent du voyage vers le front ! Le bruit d'un tir lointain n'a rien de l'intérêt de la nouveauté ; le bombardement d'un avion, qui vous aurait rempli d'émotion il y a peu, ne vous fait même plus lever les yeux pour regarder ; vous êtes vieux à la guerre et *blasé* .

Il n'y a pas de place pour la peur dans ce train ; il est évincé par la douleur, par l'apathie, par l'espoir. L'homme suivant, vous ne pouvez pas vivre une semaine, mais il semble content ; en tout cas, ce n'est pas la peur qu'on voit sur son visage. Il n'y a pas de peur, il y a de l'espoir.

Le train est lumineux de fleurs ; il y a des infirmières, des livres et des plats bien cuisinés – il y a même du champagne pour quelques privilégiés. Il n'y a plus le pays détruit de la ligne de feu, mais il y a des collines et des rivières, il y a la mer près de Wimereux et l'espoir d'être renvoyé en Angleterre. Il y a des épaves brisées qui étaient des hommes, il y a la connaissance de la mort planante, mais il y a surtout de l'espoir.

Le train se précipite donc – sans ramper cette fois – vers le centre d'information, la Base. Elle traverse les petits villages baignés de soleil et la Seine étincelante fait sourire les visages pâles. Là, regardez, là-bas, au loin, se trouvent les magnifiques flèches, les maisons pittoresques et la rivière, toutes fraîches et riantes au soleil, et les arbres sur la colline au-dessus de la ville sont tous d'un vert tendre. Même si l'on doit mourir, on peut d'abord rentrer chez soi ; en tout cas, on a été épargné de voir le pays pur de Dieu et de respirer à nouveau un air pur.